GENTE COMO NEHEMÍAS

Destino y propósito redescubiertos a través
del modelo de Nehemías

POR

PAUL L. CUNY

Publicado en inglés bajo el título:
Nehemiah People
© 2015 por Paul L. Cuny

Traducción: Athala G. Jaramillo
Asistente de Diseño: Diana Scates
Diseño de Cubierta: Luciano Nascimento, Oxigenio Design

Para información acerca de la distribución en librerías del extranjero o de los Estados Unidos, contacte a: Paul L. Cuny en info@MarketPlaceLeadership.com

Publicado por Doxa Publishing, LLC
Gente Como Nehemías por Paul L. Cuny
ISBN: 9780979691652

RECOMENDACIONES

¿Qué mueve su corazón?… ¿Revelación?… ¿Restauración? … ¿qué tal revolución? Paul Cuny ES un Hombre como Nehemías que piensa y se mueve fuera del cajón religioso tradicional. En *Gente Como Nehemías*, Paul nos remonta a la restauración de Jerusalén, dos mil quinientos años atrás, para ayudarnos a ver el futuro. ¿Quién es esta gente como Nehemías y dónde se encuentran? Le prometo que una revelación del Reino que viene le espera dentro de estas páginas.

Paul Wilbur
Artista de Integrity Music
Autor de *Tocando El Corazón de Dios*
www.WilburMinistries.com

Se han escrito muchos libros acerca de Nehemías y su estilo y prácticas de liderazgo. Sin embargo, *Gente Como Nehemías* es una mirada fresca, innovadora y retadora a este gran líder. Con el lamento cada vez en aumento por el liderazgo ausente o corrupto, este libro nos anima — como gente de Dios — a luchar y reconstruir. Tenemos la responsabilidad de traer orden al caos que parece agobiar a todos los sectores de la sociedad. Paul no solo es un escritor que instruye sobre cómo reconstruir nuestra sociedad; es un constructor y colaborador. Entiende su llamado y nos inspira para ser Gente como Nehemías, a unirnos a él en la tarea de establecer justicia. Este libro inspirará a los líderes del sector del mercado a levantarse y a ocupar su lugar en la muralla —¡lo sé porque yo fui inspirado!

Graham Power
Presidente Ejecutivo, Power Group
Fundador del Día Mundial de Oración y de Ético y No
    Abochornado
Ciudad del Cabo, Sudáfrica

Gente Como Nehemías es un libro oportuno y profético para el actual panorama global. A medida que nos acercamos a niveles cada vez más altos de crisis, nunca antes ha sido tan crítico para Gente como Nehemías identificarse a sí mismos, ser identificados, y orientados e inspirados por padres y madres espirituales.

Paul Cuny expresa la sabiduría y comisión del Padre para una comunidad emergente de líderes ungidos. No solo teórico, sino que estas páginas acertadamente articulan las próximas tendencias y cómo podemos posicionarnos para llevar la transformación social y los modelos bíblicos necesarios para implementar la estrategia divina con un liderazgo sólido.

Nadya Dickson, Directora Nacional / Internacional
El Programa de Maestría para Mujeres
www.mastersprogramforwomen.org

Durante los últimos pocos años he descubierto un ingrediente clave necesario para ejercer influencia en nuestra cultura. Ese ingrediente es nuestra disposición para resolver un problema. Jesús resolvió problemas en las vidas de las personas. En *Gente Como Nehemías* aprendemos cómo Nehemías resolvió un problema de la nación de Israel y su pueblo. La muralla había sido destruida y debía ser reparada. Paul Cuny nos ha dado una maravillosa exposición de las lecciones de liderazgo de Nehemías y cómo cada uno de nosotros puede aprender estos mismos principios y aplicarlos para que sean agentes de cambio en nuestra cultura. Los animo a leer este libro y a aplicar estos principios eternos.

Os Hillman
Autor, *Agente de Cambio*

Un tema general de conversación hoy es la transformación social. ¿Qué trabajo realizamos? ¿Cómo lo realizamos? ¿A quién acudimos para guiar la transformación? En *Gente Como Nehemías*, Paul nos ofrece una revelación desde el libro de Nehemías para ayudar a mostrar la visión de cambio de Dios según se revela en el liderazgo de Nehemías. La manera como dirigió al pueblo y planificó la estrategia para el trabajo de reconstrucción es un gran modelo para nosotros hoy. Si está leyendo este libro, Dios lo ha llamado para que sea parte de esta transformación. Ármese de valor, escuche bien la voz del Señor y dirija valientemente.

Al Caperna
Presidente, CMC Group
Director, call2business, www.call2business.com

El rey Salomón dijo: "… *hay un tiempo para todo lo que se hace bajo el cielo*". Si usted es líder en el sector del mercado y cree en Jesucristo, ¡este es su tiempo! Encarecidamente le recomiendo que lea *Gente Como Nehemías*. Cambiará su vida y su percepción de quién es usted realmente.

Robert C. Benson, CGMA, Empresario
Fundador, Asociación de Comerciantes Cristianos de
Colorado
Autor de *Esté Firme Con El Poder De Dios en los Negocios*

Gente Como Nehemías está transformando las economías, los gobiernos y las naciones, ya que los líderes sirven a todas las personas con motivos puros. Cuando los reyes abandonen sus tronos de la fama y la fortuna para servir junto a la gente, entonces y solo entonces, las naciones realmente se levantarán. El fundamento se colocó en nuestra Piedra angular principal. Mientras lees a *Gente Como Nehemías*, descubrirás tesoros eternos para impartir a las personas y desarrollar en ellas una identidad que impactará a las comunidades, ciudades e incluso países, y cumplir así su destino al avanzar el Reino de Dios.

Roger Stark, Pastor Principal
Grace Church of Avondale
www.gcajax.com

Paul Cuny es un líder único en el cuerpo de Cristo. Es el presentador de verdades no reveladas en este libro *Gente Como Nehemías*. Como lector, no solo se verá retado o animado en sentido literal, sino que una máscara será removida de sus ojos. Ahora el Espíritu Santo espera su respuesta. Este libro es un excelente material de enseñanza para todos lo que son llamados a servir a Dios en el sector del mercado y desde el púlpito. Esta cita del libro: "Aceptar el manto fue para Nehemías el punto de partida, y es allí también donde comienza para nosotros" me ha inspirado personalmente como pastor para animar a los de nuestra congregación a salir de las paredes de la iglesia. *Gente Como Nehemías* es lectura obligada para todos los pastores y para los que están en el sector del mercado. Es un libro poderoso, escrito por un buen amigo y gran hombre de Dios que está haciendo un extraordinario impacto mundial en el cuerpo de Cristo.

Dr. Frederic. B. Pinkney
Pastor Principal
Joshua Christian Faith Center, Jacksonville, Florida
www.jcfc.theconnextion.net

En *Gente Como Nehemías*, mi amigo Paul Cuny nos entrega una maravillosa continuación a su libro *Secretos De La Economía del Reino*. *Gente Como Nehemías* es un estudio de autoridad, favor, confianza, tiempo, recursos, sabiduría, estrategia, enfoque, diplomacia, formación de coaliciones, discernimiento, reforma social, intercesión, ayuno, oportunidad, promoción, transformación, agentes de cambio, confrontación, justicia, asociaciones rey-sacerdote, superación de oposición y liderazgo piadoso. *Gente Como Nehemías* es un molde de justicia, transformación y cambio piadoso para organizaciones, ciudades, naciones y grupos de personas. Paul extrae no solo las pepitas, sino la veta madre de la revelación de una narración bíblica, descubriendo las verdades eternas y principios duraderos de la vida de este antiguo líder espiritual en el contexto del siglo XXI.

Dr. Bruce Cook
Autor de *Asociarse con lo Profético*
Editor General, *Alineamiento con lo Apostólico*

Gente Como Nehemías es lectura obligatoria para todo cristiano preocupado de traer responsabilidad y rendición de cuentas en el gobierno y la sociedad. El "despertar de Gente como Nehemías" para abordar las cuestiones de nuestro tiempo es uno de los retos claves de la iglesia y del cristianismo hoy. Paul Cuny tiene el llamado de Nehemías en su propia vida. A través de *Gente Como Nehemías*, Paul brinda una profunda comprensión y percepción de cómo Dios levanta y dirige a los que Él ha llamado para liderar organizaciones y naciones para Su gloria.

Luc Gnacadja
Antiguo Secretario-General Asistente de las Naciones
  Unidas
Benín, África

Gente Como Nehemías es lectura obligada para todos los líderes. Este libro revolucionará por completo su habilidad para dirigir. *Gente Como Nehemías* ofrece un equilibrio muy necesario para entender cómo líderes de empresas, del gobierno y de la iglesia pueden trabajar unidos entre sí.

Dr. Bradley Stuart, Fundador, Yada International
www.yadainternational.com
Moses Lake, Washington, USA

1 de Corintios 4:1 dice: *Que todos nos consideren servidores de Cristo, encargados de administrar los misterios de Dios.* Paul Cuny es la encarnación de este versículo: un servidor de Cristo y administrador de los misterios de Dios. En *Gente Como Nehemías*, el Señor usa a Paul para revelar verdades importantes sobre la manera como la Gente como Nehemías del momento puede caminar en su llamado de manera eficiente y poderosa. Paul expone a sus lectores los misterios de Dios en una forma directa y fácil de entender. Por ser su amigo de muchos años, sé que la vida de Paul se refleja en el libro. Si usted tiene un llamado como el de Nehemías para su vida, este libro es para usted. Si quiere entender cómo Dios usa a los Nehemías del día de hoy, este libro es para usted. Y si quiere entender más profundamente los misterios de Dios, este libro es definitivamente para usted.

RJ Gosselin, PhD
Director Ejecutivo
Catalyst Group International

En *Gente Como Nehemías* Paul Cuny expresa con palabras lo que yo he venido a conocer como verdad en los últimos veinticuatro años de servir al Señor en diversas capacidades — como pastor, supervisor de una red nacional de iglesias, y participante en la arena cívica en diferentes esferas. Los líderes del Reino de hoy buscan mucho más allá del conocimiento académico (teórico) o incluso destellos de perspectivas proféticas abstractas. De alguna manera buscan claridad de propósito y entendimiento bíblico en un mundo que cambia rápidamente, y sin embargo nunca cambian las formas fundamentales de operación. *Gente Como Nehemías* ayudará a traer esa claridad y puede llegar a ser una de las obras más importantes que nos ayude a allanar los caminos del Reino en esta generación.

George Bakalov
Fundador de la Iglesia Reformada Apostólica, Bulgaria
www.gohbn.com

Abraham Kuyper, el gran reformador holandés, dijo que "no hay una sola área en toda la creación de la que Dios no diga "¡es mía!". La iglesia está despertando a la profunda verdad del amor de Dios por toda la creación y Él nos ha colocado en la tierra para traer sus soluciones para lidiar con los problemas complejos que nuestra sociedad del siglo XXI está confrontando. El libro de Paul Cuny *Gente Como Nehemías*, llevaba tiempo esperando a ser escrito. Finalmente, un libro que les presenta a los creyentes que no están llamados a un ministerio eclesiástico tradicional a tiempo completo, el permiso para ponerse de pie y ser lo que Dios quiere que ellos sean, sin pensar que han escogido una vida de menos valor. Este libro será considerado por muchos un regalo para el cuerpo de Cristo.

Dick Westerhof Co-Sr. Pastor, Embajada de Dios, Amsterdam, Netherlands
Fundador de la Coalición para la Reforma Apostólica
Dr. Arleen Westerhof, Co-Sr. Pastor, Embajada de Dios Amsterdam, Netherlands
Director Ejecutivo, Cumbre Económica
Facilitador, Consejo Profético de los Países Bajos

Dios sigue revelando una perspectiva fresca y nueva por medio de Paul al el compartir de su estudio y tiempo personal con el Señor. *Gente Como Nehemías* es revelación con principios prácticos, motivadores con raíces en las Escrituras. Paul lleva la voz de Dios al sector del mercado de hoy, trayendo un entendimiento vital de su trabajo en el Reino de Dios. *Gente Como Nehemías* se sumerge en los temas centrales del proceso que Dios usa para el desarrollo del carácter y el escuchar la voz de Dios para propósitos estratégicos. Recomiendo *Gente Como Nehemías* a todos los líderes del sector del mercado y ministerio.

Rev. Saúl A. Altamirano, Equip WorldWide
Jacksonville, Florida

En cada generación Dios levanta una voz en el "desierto" que proclama, enseña, clama y escribe: "Enderecen el camino del Señor". La intensidad y urgencia de la voz es proporcional a la hambruna espiritual tan extendida de la generación. Paul Cuny es una voz como esa. Su nuevo libro, *Gente Como Nehemías* no solo llega a tiempo, sino que es una herramienta vital para el cuerpo de Cristo. *Gente Como Nehemías* ofrece un molde milenario del orden divino necesario para que la iglesia florezca, por medio de hombres y mujeres llamados y ungidos por Dios para demostrar el Reino de Dios en el sector del mercado, por medio del poder de Jesucristo. Recomiendo encarecidamente este libro.

Dora Akuetteh, MD, FAAFP

Paul Cuny es un hombre que camina su fe con humildad y comparte la visión del Reino de Dios en sus libros. *Gente Como Nehemías* es la continuación del camino que comenzó con *Secretos De La Economía del Reino*. Una vez más, Paul emplea las Escrituras para dar vida nueva a los pasajes bíblicos del libro de Nehemías. Como yo, usted obtendrá una nueva perspectiva de las Escrituras que ya ha leído, y tal vez, solo tal vez, usted despertará al llamado a ser parte de Gente como Nehemías.

Matt Maynor, Banquero y Empresario

Para ustedes que saben que la vida es mucho más de lo que están experimentando y para los que verdaderamente quieren seguir lo que está en su corazón, el libro *Gente Como Nehemías* de Paul Cuny es su manual de instrucciones. Cuando lean Gente Como Nehemías y apliquen lo que se revela en este libro, ¡ustedes NUNCA más serán los mismos! Hacer lo que Nehemías hizo — llevar a cabo que lo que Dios implantó en su corazón — es como lanzarse de un avión con Dios como paracaídas. *Gente Como Nehemías* lo preparará para "saltar".

Larry Tyler – Consultor Empresarial, Asesor, Informador Bancario, Orador
Autor de *Eliminando la Deuda del Camino de Dios*

Gente Como Nehemías es como leer ¡mi propia autobiografía! No me percaté de la plenitud de mi llamado como una persona como Nehemías hasta que leí el libro de Paul. Lo recomiendo encarecidamente a los líderes cristianos de hoy. Una de las profundas revelaciones de *Gente Como Nehemías* es el impacto de Esdras, el sacerdote que trabajó con Nehemías. Cuando personalmente reconocí a Esdras en mi propia vida, un sentimiento profundo de hermandad y relaciones se desarrolló entre los pastores y yo. Recomiendo *Gente Como Nehemías* para quienes están en el liderazgo cristiano.

Gary Borgendale
Ministro Director CRMC CDMC
Salem Communications

Gente Como Nehemías es una respuesta pertinente para nuestra generación. Es la respuesta para aquellos que profundamente desean un caminar efectivo en la seguridad, amor y llamado de

Dios en todas las esferas de la sociedad. Es más que un libro práctico. Ofrece enseñanzas sencillas y profundas acerca de quienes son la gente como Nehemías hoy en día, pero también resalta la comprensión del desenvolvimiento del plan de Dios de cómo alcanzar nuestro pleno potencial de acuerdo con nuestros llamados particulares. Es un libro que inspira, que revela los propósitos de Dios para tocar este mundo oscuro en todas las esferas de la sociedad con su mensaje de esperanza y restauración.

Lance y Diana Scates
Rivers of Judah Ministries, www.riversofjudah.com

En su libro *Gente Como Nehemías,* Paul Cuny escribe: "La Gente como Nehemías se constituye en una voz de confrontación para los sistemas impíos … entienden que la autoridad que origina el verdadero cambio es la delegada por su Rey". ¿Está usted llamado a ser parte de Gente como Nehemías? Recuerde: "Las decisiones determinan el destino".

Paul Williams, MD
Presidente, International HealthCare Network
Autor de *Cuando Todos Los Planes Fallan*

Gente Como Nehemías es un libro que proporciona instrucciones claras y prácticas de cómo navegar la entrada a los propósitos de Dios para su vida. *Gente Como Nehemías* podría ser un "manual de campo" para caminar por la transformación que ya está en marcha. Si usted siente que el Señor desea colocarlo en un nuevo cargo de liderazgo, descubrirá que este libro es un recurso que no tiene precio.

Jere Hatcher, PhD
Profesor Asociado de Administración, LSU, Jubilado

Nunca ha habido un momento en el que el Reino de Dios necesitara de mayor revelación como hoy. Es raro encontrar a un autor como Paul Cuny, que no solo es capaz de comunicar temas significativos del día, sino que tiene la capacidad de escribir bajo la unción del Espíritu Santo. Paul ha estudiado el libro de Nehemías por más de una década, y las percepciones que ha reunido en este libro encenderán el espíritu de sabiduría y revelación en usted mientras lee *Gente Como Nehemías*.

Paul D. Zink, Líder Pastoral
Autor de *Usted Importa*

Gente Como Nehemías es, sin lugar a dudas, un libro profundamente motivador que invita a la reflexión y el conocimiento de nuestro propósito ante los ojos de Dios; sobre esa fe que trasciende las paredes la Iglesia y es capaz de engendrar cambios en nuestra realidad.

Moises Medina
smartfreelance@hotmail.com

AGRADECIMENTOS

Deseo expresar mi más sincera y profunda gratitud a mi esposa Gerri, a nuestros hijos y a nuestra familia que crece. Ustedes harán cosas maravillosas.

Mi vida ha sido bendecida en abundancia con amigos verdaderos, respetables, de pacto, que me han ayudado a navegar las ocasionales agudas e inesperadas vueltas de la vida. Gracias Bill, Jim, Ben, RJ, Chris, y Michael por su sabiduría piadosa, sus evaluaciones sinceras, su dedicación a la causa del Reino y de la gente, y sobre todo, por su compromiso con el Señor y Sus propósitos para el mundo. El impacto colectivo global que ustedes marcan en el sector del mercado es extraordinario.

Estaré eternamente agradecido por las vidas de mis amigos, el desaparecido Dr. George Meyers y su esposa Janet — dos personas que exprimieron lo más significativo de sus vidas como nadie más que hubiera conocido. El Dr. George fue un hombre tan lleno de sabiduría que esta rebosaba en cada palabra que salía de sus labios. Fue un estratega y pensador global del Reino que nunca sintió la necesidad apremiante del protagonismo. Su libro *La Economía del Reino aplicada al Liderazgo en los Negocios* (www.gotonations.org/shop) contiene una veta de oro de su sabiduría. Mi más profunda gratitud al Dr. George y a Janet Meyers por su tutoría.

Mis amigos Paul Wilbur, Paul Zink, Roger Stark, y Dan Duke me han dado ejemplos extraordinarios de vida como sacerdotes delante del Señor. Valoro su amistad y respeto el compromiso resuelto con los propósitos de Dios para sus vidas.

Mi gratitud se extiende a mi amigo, el pastor Ted Corley por permitirme que usara algunos de los libros de su amplia biblioteca y por su dedicado servicio a nuestra ciudad.

Prólogo

Si usted es parte del creciente número de cristianos que entienden que su llamado divino bajo Dios es relevante para su vida fuera de las paredes de la iglesia, entonces usted se enfrenta continuamente con la necesidad de mayor entendimiento de la aplicación de la Palabra de Dios en su vida diaria. El libro de Paul Cuny, *Gente Como Nehemías* responde de manera elocuente a esa necesidad.

Este es uno de los libros importantes de nuestro tiempo y debería ser lectura requerida. *Gente Como Nehemías* es un documento inspirador lleno de sabiduría y revelación. Este libro le dará una perspectiva Bíblica de su llamado. Basado en la vida de Nehemías, este libro demuestra cómo superar la resistencia y las pruebas. Le dará un conocimiento más profundo de cómo la obediencia a Dios es tan importante para que los propósitos del Reino se cumplan.

Recomiendo encarecidamente este libro. Ha sido una bendición para mi propia vida, y he entregado varios ejemplares a líderes y profesionales del mercado, como también a jefes de estado. Es un pozo de sabiduría y una bendición para todos los que buscan su llamado en el temor del Señor.

J. Gunnar Olson, Fundador
International Christian Chamber of Commerce ICCC
Cámara de Comercio Cristiana Internacional (ICCC)
    Suecia
www.iccc.net

Introducción

Los escritores de las Escrituras pudieron entrever nuestro día a través del velo de una revelación profética, que seguramente debió haberles dado el anhelo de una visión más clara de lo que iba a venir. No obstante, usted y yo tenemos el gran privilegio de vivir en la generación que muchos de esos escritores vieron hace muchos años. Podemos ver la innegable evidencia de ese cumplimiento (en vivo y en directo) gracias a un mundo de tecnología que era inconcebible incluso hace apenas treinta años. Todo privilegio trae consigo responsabilidad. Vivir en la generación sobre la cual los profetas de las Escrituras escribieron, significa que no podemos vivir como observadores pasivos en este mosaico de los últimos días, porque se nos ha dado la encomienda sagrada de cumplir no solo nuestras responsabilidades individuales, sino también nuestras responsabilidades nacionales, dentro de ese contexto. Cumplir esas responsabilidades requiere de un entendimiento más amplio de la unción de Dios y de la naturaleza de un llamado al liderazgo — sea ese llamado al ministerio, al gobierno, al mercado, a la educación, a los medios, a la familia, o a las fuerzas armadas. También requiere de un entendimiento más profundo del proceso intemporal del desarrollo del carácter que se exige a todos los embajadores de Dios, independientemente de cuál sea el llamado particular.

Nos encontramos en los comienzos de un renacimiento global, que no es otra cosa que restaurar la dignidad, el honor, la santidad y la responsabilidad esencial de servir a Dios en todas las diversas esferas de la cultura. La palabra renacimiento significa un "renacer o revivir", y este renacer está restaurando la comprensión de la importancia cultural de las Escrituras y de nuestras responsabilidades colectivas dentro de nuestra respectiva cultura. Este renacimiento nos está liberando de las consecuencias no intencionales de la mentalidad sagrada/secular. Este renacer nos está despertando para servir los propósitos de Dios como embajadores y campeones en todas las esferas de la cultura dentro del contexto del siglo XXI. Hay una comprensión creciente acerca de los derechos que tenemos como ciudadanos del gobierno del Reino de Dios, aunque también de las responsabilidades que la ciudadanía trae para influir en las culturas nacionales a todos los niveles, en todas las esferas.

Le invito a que me acompañe en esta jornada, y nos servirá de guía el libro de Nehemías — un libro que muy pronto descubrirá que es pertinente para nuestra generación. Los años que he dedicado al estudio de este libro me han demostrado que más allá de los muchos ejemplos de un liderazgo dinámico, que muy a menudo se obtienen de este hombre Nehemías, el libro que lleva su nombre representa uno de los toques de trompeta de nuestro día. Nehemías se crio en su generación como hombre con la aprobación de Dios, para cambiar lo que parecía ser una situación imposible. La mayoría de nosotros nos enfocamos en el logro notable de reconstruir la muralla de Jerusalén, pero a mi entender su obra más grande fue la que se llevó a cabo después de que la muralla fuera construida. Este hombre de Dios restauró, reformó y reenfocó la sociedad en los principios fundamentales de las Escrituras. Estableció un orden divino fuera de las murallas del templo, en una sociedad que había perdido la visión. Su trabajo transformacional produjo una gran reforma que creó las condiciones para un gran avivamiento bajo el liderazgo de Esdras. Estoy seguro de que hubo muchos líderes dinámicos en la época de Nehemías, pero Nehemías, solo uno.

Indudablemente, las cuestiones de nuestro día son mucho más complejas que las de cualquier generación anterior a la nuestra, porque la sociedad es más compleja. No obstante, las cuestiones de hoy todavía necesitan las soluciones de Dios, y las soluciones de Él las aplican mejor aquellos a los que Él ha endorsado. Las soluciones de Dios, aplicadas por los nombrados para llevarlas a cabo en el tiempo del Señor, siempre producen resultados transformacionales. La aplicación de las soluciones de Dios no está limitada ni por tiempo, ni por espacio, ni por una generación en particular. Son relevantes en cada generación.

Estamos experimentando un despertar global caracterizado por el surgimiento de hombres y mujeres de todas las esferas de la sociedad que, al igual que Nehemías, cuentan con la aprobación de Dios. Y esto significa que hombres y mujeres están despertando al privilegio y a las responsabilidades de sus llamados en el gobierno, los negocios, la educación, los medios, la medicina, las ciencias, y en todas las esferas de la sociedad. Son agentes de restauración que hablan desde los púlpitos de las esferas individuales de la sociedad en las que se encuentran, para realizar el plan estratégico de Dios con destreza y compromiso.

Esta jornada que estamos a punto de comenzar, lo afirmará y lo enviará a su destino. La sabiduría y la perspectiva de Dios que trabaja con usted, harán que las grandes montañas de lo que podrían parecer los temas imposibles, complejos, organizativos y sociales de nuestro día, sean como montículos de arena. Las perspectivas del libro de Nehemías proveerán un contexto para moldear su futuro, y por consiguiente, el destino de su nación. Es un modelo de liderazgo transformacional.

Tal vez esté experimentando una brecha entre lo que cree que es su destino y dónde se encuentra hoy. Posiblemente se sienta escondido, sabiendo que está destinado para algo más que simplemente vivir en las rutinas mundanales de la vida. Quizás siente que Dios no lo ha tenido en cuenta, y el hombre lo ha olvidado. ¡Tenga valor! Quizás se trate de los indicadores de la mano de Dios que lo está desarrollando, posicionando y preparando para tomar su lugar en la muralla del siglo XXI. Sabemos que Nehemías fue el gran constructor de la muralla, pero todas estas frustraciones — las mismas que tal vez esté sufriendo hoy — eran parte de su rutina cotidiana la mayor parte de su vida adulta. Muchas cosas han cambiado radicalmente durante los últimos dos mil quinientos años, pero otras no.

Al emprender juntos esta jornada, creo que para algunos, la esperanza y expectativas para el futuro se refrescarán y restaurarán. Para los que todavía tienen que emerger en su destino, comprenderán mucho mejor cómo Dios posiciona a hombres y mujeres para que extiendan Su influencia en la cultura de nuestro día. Mi mayor deseo es que nuestra jornada sea una de estímulo, afirmación, aclaración, revelación, y por último, de activación.

Paul L. Cuny
MarketPlace Leadership International
www.MarketPlaceLeadership.com

Contenido

Prólogo..15

Introducción...17

Capítulo 1 El Despertar..23

Capítulo 2 Un Modelo De Transformación.......................43

Capítulo 3 Tapices Proféticos..................................67

Capítulo 4 Embajadores Del Orden Divino....................91

Capítulo 5 La Oposición 105

Capítulo 6 Confrontar La Injusticia............................119

Capítulo 7 Difamación 135

Capítulo 8 Distintas Esferas De Autoridad...................149

Capítulo 9 Fase II Implementación..............................161

Capítulo 10 Arrepentimiento y Renovación Del Pacto...175

Capítulo 11 Restaurar, Reformar, Reenfocar.................189

Capítulo 12 El Reto…………….................................203

Autor...219

Capítulo 1

El Despertar

"Cuanto más atrás puedas mirar, más adelante puedes ver".
Sir Winston Churchill, Primer Ministro del Reino Unido
1940-1945; 1951-1955

Un despertar está ocurriendo fuera de las paredes de la iglesia que está a punto de cambiar la manera en que vivimos la vida. Hombres y mujeres comienzan a reconocer las sagradas responsabilidades que tienen para servir los propósitos de Dios sin reservas — ya sea en los negocios o en el gobierno, en la medicina o en las fuerzas armadas, en la educación o en los medios — no solamente en las misiones y en el ministerio. Hay un sonido de trompeta dirigido a los que desean una vida más profunda de excelencia, de mayor eficacia, de una visión más amplia y de una participación más activa en las culturas nacionales. Algunos percibirán este despertar como una amenaza, porque amenaza lo que es conocido y cómodo, porque este despertar nos llama a vivir nuestras vidas con una comprensión más vasta y un compromiso más profundo con los propósitos de Dios para nuestra generación.

Algunos ven este despertar como algo perplejo. Es perplejo porque, aunque sabemos que es verdad, parece que hubiera una tremenda brecha entre esa verdad y su aplicación operativa. Para otros, este despertar es liberador. Es liberador porque se dan cuenta de que nacieron para este día. ¡Este despertar está activando su destino! Es el movimiento de Dios en nuestra generación. Son muchos los defensores que Dios ha levantado y que han prestado su voz a este mensaje, pero ninguno puede darse el crédito ni apropiarse porque Dios está trabajando y toda la gloria es solo para Él.

Tal vez a muchos esto les parezca nuevo, pero los conceptos han estado firmemente enraizados en las Escrituras desde que los escritores escribieran esas revelaciones por primera vez. Un "llamado", ya sea a ser el pastor de una iglesia o a dirigir una nación – y sí, Dios llama a hombres y a mujeres a dirigir naciones – siempre trae consigo responsabilidades. Las responsabilidades se centran en nuestro compromiso de representar los propósitos de Dios con honor, en privado y en público. Demanda el compromiso para realizar la voluntad de Dios en cualquier ámbito de responsabilidad que se nos asigne. Eso precisa una forma única de compromiso para ejercer influencia y liderar. Nuestra vida en el siglo XXI tiene muchas más complejidades y desafíos que cualquier otra generación anterior. No obstante, Dios no nos ha dejado sin las soluciones correspondientes. La realización de esas soluciones depende de líderes emergentes con corazones conformes al corazón de Dios – depende de la Gente como Nehemías.

EL DESPERTAR DE LA RESPONSABILIDAD

Este despertar está firmemente arraigado en el concepto de una sociedad que podría funcionar con la bendición de Dios mismo — una sociedad cuyos líderes les ofrecen a sus ciudadanos una vida segura, justa y honorable, que refleja la dignidad humana que no es otra cosa que el resultado de una vida en nuestro Dios. Los líderes alrededor del mundo están buscando una aplicación práctica de los temas de conducta incrustados en las Escrituras para el comercio, el gobierno, la justicia, la educación, la familia y la religión que inicialmente se nos definen en el Torá (los primeros cinco libros de la Biblia) y luego a lo largo del resto del Antiguo y Nuevo Testamentos.

En esencia, la Ley que Dios le entregó a Moisés se convirtió en la "Constitución de Israel". Esa "Constitución" y todas las adiciones subsiguientes al canon de las Escrituras, se encontraba en contraposición a todo lo que existía en el mundo conocido de ese entonces. La Ley fue contracultural cuando le fue dada a Moisés — tan contracultural como las palabras de Jesús, del apóstol Pablo y de los escritores del Nuevo Testamento. Sus palabras nunca se consideran como importantes culturalmente hablando, pero la vida del Espíritu, contenida en ellas, las hace trascendentales.

Modelos De Las Escrituras En El Siglo XXI

Estos modelos de las Escrituras nos capacitan para vivir nuestras vidas con éxito a nivel personal, pero también son modelos del siglo XXI para comunidades, ciudades y naciones. Nuestro énfasis común está en los efectos al nivel personal de estos modelos, pero Dios está abriendo los ojos de hombres y mujeres hoy en día, que están implantando la influencia del Reino en ciudades, naciones y en el mundo. El libro de Nehemías es uno de esos modelos para hombres y mujeres llamados a posiciones de influencia y liderazgo de nuestra generación. Cuando los líderes dirigen sus miradas a los modelos de las Escrituras y procuran entender la vida contenida en ellos, esos temas y principios llegan a ser las soluciones para los complejos problemas sociales.

La Vida "Inferior"

Este surgimiento de hombres y mujeres con un mandato para ejercer influencia llega con ciertas complejidades que deben entenderse mejor. Los llamados de Dios en nuestras vidas por lo general están acompañados de una pasión.

En todo el mundo me he encontrado con personas con llamados para el comercio, el gobierno, y la educación entre otros, que se sienten confundidos ante el deseo sincero de servir a Dios y sus propios deseos de seguir la pasión de su llamado — una pasión que en definitiva produciría una influencia divina.

La creencia predominante es que, si usted escoge la pasión de su vida para la cual, tal vez haya sido divinamente capacitado, pero esta no es en la iglesia, de alguna manera está escogiendo una vida "inferior". Pensamos que, al escoger esta pasión dada por Dios, nuestra selección es de alguna manera menos honorable a los ojos de Dios. Esta estatura disminuida ante Dios significa que no somos dignos de Su unción o de Su total aprobación y estamos destinados a vivir una vida inferior — una vida de influencia secundaria, en el mejor de los casos, y ciertamente no una vida donde debemos esperar el poder y la unción de Dios.

Cuando pensamos de esta manera, es imposible que comprendamos la autoridad que hemos recibido para poner en práctica las estrategias de Dios. En vez de ser uno de los agentes de transformación e influencia divina para lo que nació, se vuelve un observador frustrado, impotente para efectuar cambios. A los observadores frustrados los paraliza la cultura que los rodea, ya sea la cultura de una empresa, de un gobierno, de una organización o de una nación. Los observadores frustrados tienden a ser víctimas pasivas de acontecimientos o de una cultura impía. Cuando esto sucede, ese vacío divinamente formado de liderazgo que estaba destinado para usted, se llena con hombres y mujeres menos dignos que en el fondo no tienen los intereses de Dios.

Aquellos que entienden su llamado y la santidad de este, saben que Dios les da a quienes lo representan la autoridad, la unción y el poder para hacer que la transformación sea posible — no importa qué tan ambiciosa pudiera parecer esa transformación. Dios está despertando a aquellos cuyos llamados son para ejercerlos más allá de las paredes de la iglesia, a la naturaleza de un llamado como este. Está despertándonos al privilegio que tenemos de cumplir dignamente estas responsabilidades con la unción que Él nos da y para ejercer Su poder de producir cambio. Cuando los líderes en todo el mundo comiencen a aceptar la santidad de esta clase de llamado, el cambio que todos buscamos es inevitable.

CAMPEONES DE LAS CAUSAS DE DIOS

Dios está buscando hombres y mujeres que sean defensores de Sus causas. Por mucho tiempo nos hemos enfocado en entender nuestros derechos y privilegios como ciudadanos del Reino de Dios. Sin embargo, nuestra generación ha pasado por alto la responsabilidad de esa ciudadanía. La responsabilidad de nuestro servicio como embajadores del Reino en las esferas del comercio, del gobierno, de la educación, de los medios y de nuestras familias es parte integral de este despertar y producirá el cambio deseado. Dios está trabajando para revelarles Sus intenciones a hombres y mujeres en todo el mundo, y estamos a punto de experimentar el tsunami de un nuevo liderazgo que promoverá la gloria de Dios. Gente como

Nehemías está alcanzado posiciones de poder e influencia en las naciones del mundo.

Crisis De Liderazgo

La cita al comienzo de este capítulo es de uno de los más grandes líderes mundiales, Sir Winston Churchill. Churchill dice que los retos del mañana los manejan mejor los líderes que entienden los modelos del pasado. Por eso las Escrituras constantemente nos exhortan a "recordar". Para la gente de fe, uno de esos modelos fundamentales se encuentra en el Libro de Nehemías. Su vida y sus realizaciones nos brindan una visión clara de la clase de gente que Dios apoya para llevar a cabo Sus propósitos en nuestro mundo.

La encuesta realizada por una de las organizaciones principales de investigación de los Estados Unidos abordó lo que se percibe como una "crisis de liderazgo". Si bien este artículo se centra en lo que se considera es una crisis en los Estados Unidos, puede decirse que esta percepción es consistente en el ámbito mundial. El Grupo Barna indicó lo siguiente:

> "Más de ocho de cada diez (82%) cristianos creen que los Estados Unidos enfrentan una crisis de liderazgo porque no hay suficientes líderes. Entonces, ¿quiénes son los que se están levantando como líderes para hacer frente a este reto?".[1]

Quiero enfatizar que se trata de una percepción, no de una realidad, aunque se trata de una percepción ampliamente extendida en todas las naciones que he tenido el privilegio de visitar. La realidad es que Dios nunca ha dejado a ninguna generación sin hombres o mujeres aprobados por Él para dirigir en medio de una crisis; por lo tanto, nuestra generación tampoco ha sido olvidada. En realidad, Dios ha posicionado suficientes hombres y mujeres para la iglesia, el gobierno, el comercio y todas las diversas esferas de cultura en los Estados Unidos, Brasil, Indonesia, Corea, América Latina, África y Europa para que cumplan Sus propósitos. No creo que haya escasez de líderes, sino falta de entendimiento y reconocimiento de lo que son sus funciones. Este despertar está produciendo la liberación necesaria para los que han sido designados para brindar una influencia celestial en nuestra generación.

Si la percepción consiste en que no hay líderes suficientes, la pregunta lógica sería: ¿Cómo puede estar ocurriendo un despertar si existe tal vacío de liderazgo y tanta agitación y crisis? La respuesta a esta pregunta es que estamos en una época de cambio sistémico y es muy importante que entendamos qué está ocurriendo. Los vacíos no permanecen vacíos por mucho tiempo. Algo siempre llena un vacío, y este lo están llenando los hombres y las mujeres de nuestra generación que tienen la aprobación de Dios en sus vidas – este vacío lo está llenando Gente como Nehemías.

¿Quién Es La Gente Como Nehemías?

Gente como Nehemías son los hombres y mujeres de nuestra generación, destinados a ser líderes y reformadores de influencia. Ellos representan transformación y cambio — un cambio que produce un liderazgo justo y honorable en las ciudades, las naciones y el mundo. Gente como Nehemías construye lo que no existe y reconstruye lo que ha sido destruido. Restaura lo que ha sido olvidado y establece justicia en medio de la indiferencia y la oposición. Gente como Nehemías instituye el orden divino donde hay caos; crea una estructura gubernamental que proporciona seguridad y protección a sus ciudadanos.

Gente como Nehemías cuenta con la aprobación de Dios, porque piensa en las personas y en los acontecimientos con el mismo sentir de Dios. Siempre ha sido así. Gente como Nehemías se constituye en una voz de confrontación para los sistemas impíos y para los que hacen de los demás víctimas a través de la corrupción, la opresión y la dominación. Confronta la oposición y la hostilidad a los objetivos de Dios y siempre representará un desafío para los que se sienten cómodos con el orden establecido. Entiende que la autoridad que origina el verdadero cambio es la que ha delegado su Rey, por lo tanto, no se asume. Es por medio de esta autoridad delegada donde se encuentran la sabiduría y el discernimiento para implementar el plan que Dios tiene para organizaciones, comunidades, naciones y el mundo.

Gente como Nehemías ha recibido el don de movilizar, organizar y capacitar a otros líderes. Esta gente moviliza y guía a otros para una causa o un propósito, y lo hace con honor e integridad. Posee la claridad de visión dada por Dios debido a la seriedad de sus vidas. Hay peso en su carácter porque este ha sido probado, forjado y ha demostrado que es digno de la unción de Dios. Su carácter fiel guía a estas personas a lo largo de tiempos cuando ellos son desconocidos, antes de que florezca el propósito de sus vidas. Como Nehemías movilizó al pueblo y lo organizó para el proceso imposible de reconstruir a Jerusalén, así estos hombres y mujeres de nuestra generación llevan a cabo el mandato de organizar y establecer los propósitos de Dios.

Gente como Nehemías sirve los más altos propósitos de Dios en el gobierno, el comercio, el sistema judicial, en los medios, en la educación y en otras esferas de la cultura esenciales para establecer el orden divino fuera de las paredes de la iglesia. Son personas con ideas innovadoras que surgen del tiempo que dedican para estar en la presencia de Dios. Gente como Nehemías cambia de paradigmas y desafía las condiciones existentes de injusticia y corrupción. Son líderes que entienden la necesidad de confrontar, pero sin carácter ofensivo. Son precursores, no seguidores, que tienen el mandato de devolver lo que se ha robado o perdido.

Gente como Nehemías tiene la intuición profética para ver lo que no está y para llamarnos a volver a los "senderos antiguos"[2] dentro del contexto del siglo XXI. Por naturaleza, estas personas no son buenas para mantener el status quo, sino más bien suscitan la oposición de los que sí lo hacen. Si bien el liderazgo de ellos es a menudo dinámico y valiente, también se moldea y conforma al modelo de servicio de Jesús. Jesús dijo:

> *Como ustedes saben, los gobernantes de las naciones oprimen a los súbditos y los altos oficiales abusan de su autoridad. Pero entre ustedes no debe ser así. Al contrario, el que quiera hacerse grande entre ustedes deberá ser su servidor y el que quiera ser el primero deberá ser esclavo de los demás; así como el Hijo del hombre no vino para que le sirvan, sino para servir y para dar su vida en rescate por muchos.* (Mateo 20:25-28)

El modelo de liderazgo de Jesús no se produce de forma natural. Pero no cumpliremos eficazmente los ministerios

31

personales o nacionales si no lo aceptamos, porque se trata de un principio fundamental de la vida del Reino.

El mundo religioso en ocasiones dirá que su mundo y su trabajo es "secular", pero la naturaleza de su trabajo es ciertamente "sagrada" ya que su llamado debe ser una extensión de la influencia de Dios en el gobierno, en el comercio y en todos los aspectos de la cultura de sus naciones. Como pueblo, debemos entender el significado y la santidad del papel de Gente como Nehemías, ya que su aparición representa la obra de Dios en nuestra generación. Ellos son el regalo que Dios tiene para cada generación.

No obstante, debido a que su "campo para la siega" está fuera de la iglesia, la santidad de sus llamados singulares es a menudo pasada por alto por los líderes eclesiásticos. Cuando esta falta de entendimiento se filtra en la iglesia, es difícil que Gente como Nehemías comprenda la naturaleza sagrada del llamado que toca corazones. Es tiempo de superar el malentendido, a fin de que lo que Dios tiene reservado para nuestra generación pueda llevarse a cabo plenamente.

El Modelo De Nehemías

Para entender el modelo de Nehemías y ver cómo se relaciona con nuestro día, es importante tener en cuenta que Nehemías fue contemporáneo de Esdras — el reconocido sacerdote y autor del libro que precede al libro de Nehemías. Para comprender la verdadera naturaleza de este sacerdote, no necesitamos más que observar este versículo:

> *Esdras había dedicado su corazón a estudiar la ley del SEÑOR, y a practicarla, y a enseñar Sus estatutos y ordenanzas en Israel.* (Ezra 7:10)

El propósito de la vida de Esdras fue el de estudiar, practicar y enseñar las Escrituras a la nación. Este propósito de vida lo convirtió en un erudito notable de la Ley en su día — un hombre al que el Rey de Persia tenía en gran estima, como también los judíos y los líderes religiosos de su época. Este es el mismo propósito de vida que reside en muchos de los que son llamados a servir como "sacerdotes" en nuestros días.

Nada de lo que Dios hace es al azar por naturaleza. Él es estratégico y deliberado en todo. Por eso, vale la pena notar que Dios primero "envió" a Esdras a Jerusalén catorce años antes de que "enviara" a Nehemías. Aunque los dos hombres de Dios actuaron de distinta manera, hubo algunas similitudes. Ambos fueron enviados por Dios y el rey (la autoridad gobernante de entonces). Ambos hombres tuvieron el respaldo de esa autoridad gobernante por medio de cartas de autorización. Ambos fueron a Jerusalén con todos los suministros necesarios: Esdras para el templo y Nehemías para el muro.

Ellos emprendieron el viaje a Jerusalén de distintas maneras, y sus prioridades y propósitos eran diferentes cuando dejaron la tierra de la cautividad. Ambos hombres eran instrumentos de los propósitos que Dios tenía para la nación y la gente que necesitaba desesperadamente los líderes nombrados por Dios. También fueron diferentes sus respectivas funciones en Jerusalén, así como sus estilos de liderazgo, pero ambos señalados por Dios para que representaran sSus intereses — diferentes — en un momento de gran crisis para el pueblo de Dios. Cada hombre tenía un llamado sagrado para su vida, y aunque los resultados fueron distintos, sería insensato concluir que el trabajo de Esdras era "sagrado", mientras que el de

Nehemías era "secular". Que cada uno de estos hombres hubiera escrito un libro de las Escrituras es testimonio suficiente del aspecto sagrado de sus respectivos llamados.

Cada uno de estos hombres desempeñó una parte vital en el avivamiento que se levantó en Jerusalén y en Judá. De manera práctica, Nehemías creó las condiciones para que Esdras y los sacerdotes le llevaran la Ley al pueblo, y tuviera lugar un gran avivamiento.

¡Gente como Nehemías fue nombrada para crear condiciones para que el Reino de Dios floreciera! En todo el mundo, la gente está despertando ante la naturaleza sagrada de cualquier llamado de Dios, ya sea un llamado a predicar desde el púlpito el domingo por la mañana, o un llamado a predicar un lunes por la mañana desde el púlpito de la justicia en la Reunión de una Junta como Director General de una empresa de la lista Fortune 500.

Actitudes, Funciones, y Honor

Es inconcebible que Nehemías hubiera podido cumplir su llamado divino al pueblo de Jerusalén y albergar menosprecio por los sacerdotes de su día. No creo que él hubiera tolerado chistes acerca de alguna percepción de ineptitud de parte de Esdras o de sus colegas sacerdotes. He dedicado años estudiando intensamente a este hombre Nehemías, y no creo que él hubiera permitido que la función específica que tenían los sacerdotes dentro de la cultura de Jerusalén fuera de ninguna manera deshonrada por el pueblo. Dios no apoyará a hombres y mujeres para cumplir Sus propósitos que muestren esta clase de actitud ni en público ni en privado. Las palabras son importantes porque las palabras son producto de nuestros pensamientos y actitudes. Los pensamientos y las decisiones privadas afectan los públicos. Gente como Nehemías debe ser gente de honor al más alto nivel.

Es también inconcebible pensar que Esdras, este sacerdote conocido y piadoso, pudiera ver con suspicacia o desconfianza la llegada de Nehemías, o como si se tratara de un intruso dispuesto a alterar el orden establecido. Es poco probable que Esdras, ya anciano en ese momento, fuera a pensar que Nehemías era una amenaza para el "rebaño", o competencia para los afectos de la gente. Esdras debió haber reconocido el nombramiento de Dios en la vida de Nehemías, porque los sacerdotes están dotados para hacerlo. Debió haberse percatado de que este hombre era la respuesta a sus catorce años de oración e intercesión ante la existencia insostenible y oprimida de la gente de Jerusalén y Judá. Estos hombres demostraban mutuamente honor, respeto y reconocimiento por el nombramiento de Dios. Trabajaron juntos para facilitar los propósitos que Dios tenía para Jerusalén a través de sus respectivas funciones en ese momento crítico de la historia.

No todos los sacerdotes sabían que Esdras conocía la función de Nehemías; varios sacerdotes conspiraron contra Nehemías. Es también posible que no todos los líderes de Nehemías demostraran su grado de honor y respeto por los sacerdotes y sus funciones en la transformación, y el orden divino que iba a establecerse en Jerusalén.

Gente como Nehemías, de cualquier generación, debe contar con la confirmación de Dios. Esta confirmación le llega a la gente que demuestra honor e integridad en todas las relaciones. Aunque estos dos hombres cumplieron sus respectivos trabajos bajo circunstancias difíciles y caóticas, vale la pena anotar también que los nombres de los contemporáneos que se opusieron a ellos pública o privadamente (y, por consiguiente, oponiéndose a las selecciones de Dios) quedaron olvidados en las páginas de la historia.

Si bien existe cierta incertidumbre en lo que respecta a la tribu de Nehemías, los eruditos dicen que es bien posible que fuera de la tribu de Judá, lo que significa que no tenía derecho a ser sacerdote. No obstante, sería un salto teológico de proporciones épicas sugerir que el hombre que escribió un libro de la Biblia y sirvió a Dios como gobernador, nombrado por el rey pagano de Persia, estuviera embarcado en un trabajo secular.

Gente Como Nehemías Está Sentada En Las Bancas

He tenido el privilegio de hablar en iglesias y en conferencias en todo el mundo. En una iglesia grande de los Estados Unidos, mientras hablaba sobre Nehemías, sentí una fuerte impresión de detenerme y formular algunas preguntas. "¿Cuántos de ustedes saben que el Señor los ha llamado a desempeñar una posición de liderazgo?" Para mi sorpresa, ¡una tercera parte de la congregación se levantó! Luego pregunté: "¿Cuántos saben que han sido dirigidos por el Señor hasta esta ciudad o nación?" Ustedes SABEN que el Señor los envió a este lugar". ¡Dos terceras partes de la congregación se levantaron! Estaba sorprendido, no obstante, así como yo terminé en mi ciudad. He repetido esta serie de preguntas en numerosas iglesias y conferencias en todo el mundo, y los resultados son siempre los mismos. ¿Será que Dios está posicionando a su gente para un día futuro?

La mayoría de los hombres y mujeres responsables de la predicación en los púlpitos en todo el mundo, en algún momento les hablaron a sus congregaciones acerca de sus llamados al liderazgo o de sus comisiones en sus ciudades.

No hay duda de que Dios procesa y posiciona a los que están comprometidos con Sus propósitos. Sin embargo, muchos de los que no tienen un ministerio de predicación desde el púlpito han experimentado ese mismo posicionamiento, aunque no tienen la plataforma para darlo a conocer.

La Certeza De La Incertidumbre

¿Por qué es importante? Las comisiones y llamados de Dios siempre requieren que nosotros aceptemos la responsabilidad de entender Su propósito y cumplir las obligaciones de esa comisión. Muy a menudo, la comprensión de esas comisiones se revela con el tiempo, a medida que buscamos a Dios y lo obedecemos en las cosas pequeñas. Mi experiencia personal es que Dios casi nunca me da toda la información que yo quisiera tener para activar las etapas iniciales de esas comisiones. Tal parece que cuento con la suficiente información para que mi fe intervenga en el asunto — es la certeza de la incertidumbre.

Sin embargo, Dios es siempre estratégico en todo lo que hace, incluso en el llamado al liderazgo, o a una comisión en una organización, ciudad, o nación. Cada llamado o comisión conlleva un propósito estratégico. Estamos obligados a buscar a Dios hasta que el propósito para nuestras vidas se aclare y estemos plenamente comprometidos — sea ese propósito el pastorado en una iglesia o la alcaldía de una ciudad. Los que tienen comisiones de Dios — cualquiera de sus comisiones — merecen estímulo, afirmación, apoyo y oración de parte nuestra.

Fuera De Los Muros

Si bien este despertar se está llevando a cabo fuera de las paredes de la iglesia, no es de ninguna manera separado o apartado de la iglesia en el sentido más amplio. Es, sin embargo, una manifestación de la presencia de Dios en todos los aspectos de nuestra cultura, no solamente en nuestros cultos de la iglesia. Muchos líderes en el comercio y el gobierno sienten que son subutilizados y malentendidos y les falta afirmación para la unción excepcional de influencia que llevan en sus vidas. Es un malentendido común entre los líderes religiosos pensar que el gobierno o el comercio es un "trabajo secular". Por tanto, quienes tienen un llamado a otras esferas de la cultura, además del ministerio, son vistos solamente como recursos para facilitar el "verdadero ministerio". Con todo, la naturaleza sagrada de un llamado al gobierno, al comercio o a cualquier otra esfera de la cultura, es lo que creará las condiciones para que la iglesia florezca en cada nación.

Todos estamos creciendo en nuestro entendimiento de que la totalidad del Reino, en todas las esferas de la cultura, traerá bendiciones a las naciones y a sus habitantes, y por consiguiente, a la iglesia en general. No obstante, hay un orden divino que hará que los propósitos de Dios florezcan en los días venideros, y ese orden está claramente expresado en el libro de Nehemías. Las hazañas de Nehemías se entrelazan con las de Esdras. Estos dos hombres trabajaron como equipo para llevar el verdadero orden y transformación a Jerusalén y a Judá.

LA TECNOLOGÍA DE NUESTROS DÍAS

A los autores de las Escrituras se les permitió ver nuestro día a través del velo de la revelación profética. Ellos, sin lugar a dudas, anhelaron tener una idea precisa de nuestra generación. Nosotros tenemos el gran privilegio de vivir en una generación en la que sus visiones y profecías están cumpliéndose. Muchas de las cosas de las que ellos escribieron bajo la inspiración del Espíritu Santo, podemos verlas en directo, gracias a un mundo de tecnología que era inconcebible hace apenas treinta años atrás.

Extensas bibliotecas teológicas, alguna vez la posesión preciada de teólogos, eruditos bíblicos o pastores de grandes iglesias, están ahora a nuestro alcance mediante nuestras computadoras portátiles o teléfonos inteligentes. El poder de la tecnología de hoy ha atraído a quienes tienen un gran deseo de los caminos de Dios a un conocimiento más profundo de Él.

El despertar siempre lo han iniciado aquellos con hambre y sed de la manifestación de la presencia de Dios. Este despertar no es nada diferente. Los despertares van siempre acompañados de una transición de lo cómodo y conocido, a lo nuevo y desconocido. Estas transiciones han ocurrido en cada generación desde los días de Adán, pero la que estamos experimentando nosotros se diferencia de todas las demás. La tecnología de nuestros días la ha hecho diferente.

TRANSFERENCIA GENERACIONAL DE PODER

Las sedes de poder e influencia en los negocios, el gobierno, la educación y en todas las otras esferas de la cultura, están siendo pasadas a una nueva generación de líderes. Aun así, hay una generación que ha experimentado el advenimiento de la Internet y de las mega iglesias, el empuje hacia el globalismo y las alianzas económicas internacionales (como la Unión Europea) y los movimientos transformadores de Dios, como del avivamiento llamado Movimiento Jesús y cruzadas masivas evangelísticas y de sanidad. Para esta generación, este nuevo mundo de tecnología se convirtió en una herramienta que les permite trabajar más eficientemente, ampliar la conectividad y conducir negocios a escala global — todo desde la casa.

Hay una nueva generación que ha crecido con Apple, Google, YouTube y Microsoft, todas ellas responsables por una explosión de innovación. Contamos con teléfonos inteligentes y vídeos en línea de acontecimientos que suceden en todo el mundo (todo en directo), a través de la tecnología disponible a la mayoría de la gente en el mundo. Los avances tecnológicos de los últimos veinte a treinta años son históricos en alcance y velocidad en el proceso de la historia mundial.

Estos avances están produciendo invenciones a escala mundial. Mi amigo Al Caperna es uno de los líderes de lo que se conoce como el movimiento del mercado. Al dirige Called2Business[3] y es un estudiante de tendencias económicas mundiales. Al dice: "En los próximos veinte años más empresas pequeñas comenzarán globalmente, más que el total de iniciación de empresas acumulado desde el comienzo de la historia hasta hoy".[4]

A Diferencia De Los Abuelos, Dios No Tiene Problemas Con La Nueva Tecnología

Este rápido avance tecnológico de ninguna manera ha sorprendido a Dios. Él no es "anticuado" ni está "alejado de la realidad". No tiene problemas para asimilar los conceptos de la nueva tecnología o los programas de software como lo hacen nuestros abuelos. Dios tenía la tecnología de nuestros días en mente ¡incluso antes de que el concepto existiera! Aproximadamente hace dos mil seiscientos años, envió a un ángel para que le contara a Daniel sobre cosas que debieron haber parecido muy místicas e incomprensibles al antiguo profeta, cuyo concepto de viaje no era otra cosa que ir a pie, en carrozas o a caballo. En Daniel 12:4, el ángel le dijo esto acerca del cambio que estamos experimentando en nuestros días:

> *"Tú, Daniel, guarda estas cosas en secreto y sella el libro hasta la hora final, pues muchos andarán de un lado a otro en busca de cualquier conocimiento".*

Esta tecnología ha hecho que nuestro mundo sea más pequeño, más rápido, más inteligente y más osado. Con la tecnología, grados universitarios están al acceso de personas en pueblos remotos en todo el mundo. Ha revolucionado los negocios, la educación, el gobierno, la familia, la religión, los medios y todas las esferas de la cultura en todas las naciones. La tecnología le ha permitido a la gente tener más información, a soñar en grande, viajar más lejos, estudiar con más ahínco, y a tener mayores expectativas para el avance personal y el cambio, que cualquier otra generación anterior en la historia de nuestro mundo.

No Hay Aplicaciones Que Descargar Para La Aprobación De Dios

No hay ningún programa de software que podamos usar para obtener la aprobación de Dios en nuestras vidas. No tenemos nada que descargar ni actualizar para recibir un manto de autoridad del cielo para actuar como uno de los representantes de Dios. La necesidad de hombres y mujeres que sean dignos de la unción y aprobación de Dios para conducir nuestra generación nunca antes ha sido tan grande como hoy. El proceso de desarrollo que Dios usó para evaluar el carácter y probar las prioridades de personas como Daniel, Nehemías, David, Rut, Josué, Ester, Pablo, Timoteo, Lutero, Wesley y todos aquellos que han servido los propósitos de Dios en momentos decisivos de la historia, es una constante. Aunque nuestro mundo drásticamente se diferencia del de ellos, los requisitos que Dios tiene para cada uno de los que representaremos sus intereses e implementaremos sus estrategias en momentos críticos de la historia, son los mismos. En mi opinión, en el transcurso de los capítulos siguientes comprenderán mejor esos requisitos con el ejemplo de la vida de este hombre, Nehemías.

CAPÍTULO 2

UN MODELO DE TRANSFORMACIÓN

Entonces les pregunté por el resto de los judíos que se habían librado del destierro, y por Jerusalén. Ellos me respondieron: "Los que se libraron del destierro y se quedaron en la provincia están enfrentando una gran calamidad y humillación. La muralla de Jerusalén sigue derribada, con sus puertas consumidas por el fuego". Al escuchar esto, me senté a llorar; hice duelo por algunos días, ayuné y oré al Dios del cielo.

Nehemías 1:2 - 4

Nehemías posiblemente no pudo entender el significado de este momento catalizador que transformaría su vida y la vida de una nación, de un pueblo que desesperadamente necesitaba la intervención de Dios por medio de uno de Sus emisarios. Esta pregunta inocente sobre el estado de Jerusalén que él describe con sus propias palabras, produjo una explosión de destino, propósito, cambio y significado profético en medio de lo que debió haber sido una vida de rutina y comodidad como oficial de la corte del rey pagano de la nación más poderosa de la tierra. La respuesta de Nehemías a este momento lo catapultó a la estatura de uno de los líderes más venerados de la historia.

Líderes capaces, piadosos abundaban en la época de Nehemías, como también los hay en nuestros días, pero ninguno de ellos había sido posicionado o nombrado excepcionalmente por Dios para desempeñar este trabajo transformacional específico — reconstruir las murallas de

Jerusalén. Con todo, la historia de Nehemías va mucho más allá de las crónicas de un proyecto de construcción exitoso en medio de una gran adversidad, o de una gran lección de historia. Es el modelo para la clase de efecto transformador que líderes nombrados por Dios tendrán en nuestra generación.

Estableciendo El Orden Divino

Estamos en un mundo que anhela verdadera justicia, honor e integridad en el gobierno, el comercio, y la seguridad y confianza que estas entidades brindan para las familias. La implementación de estas cosas requiere de hombres y mujeres con el corazón y el carácter de Nehemías — necesitará Gente como Nehemías. Siempre ha habido Gente como Nehemías para cada generación en crisis, y nuestro tiempo no es diferente. En términos generales, la iglesia global no entiende este llamado singular para dirigir esfuerzos de transformación más allá de las cuatro paredes de la iglesia. No solo el liderazgo religioso no entiende a los que tienen este llamado singular y se encuentran sentados en las bancas de sus iglesias, sino que los que tienen este llamado, por lo general, tampoco lo entienden. Sin embargo, la aparición de Gente como Nehemías en cada nación del mundo es un buen augurio para todos nosotros.

Eruditos dicen que Nehemías era probablemente de la Tribu de Judá y por ende no era apto para el sacerdocio. Aun así, había en él un hombre un carácter sacerdotal. El carácter sacerdotal es un tema común en las vidas de los hombres y mujeres de Dios que llevan a cabo la voluntad de Dios en cualquier generación. Aun cuando fue un líder gubernamental, como escritor de un libro de la Biblia, es improbable que cualquiera de nosotros piense que su trabajo era "secular". Sabemos que fue enviado a Jerusalén a reconstruir los muros , y algunos eruditos dicen que posteriormente regresó, por segunda vez, después de que fuera nombrado Gobernador de Judá[1] por el Rey de Persia. Fue desde esta plataforma que se convirtió en el agente de Dios para establecer el orden divino, el cambio sistémico y la justicia para la nación judía.

Las hazañas de Nehemías en Jerusalén fueron extraordinarias, pero Esdras, el sacerdote y maestro de la Ley y respetado autor de su propio libro en la Biblia, había llegado a Jerusalén casi catorce años antes y bajo su influencia el orden divino se estableció en el Templo y en el sacerdocio. Bajo el liderazgo de Esdras, el orden divino y el ministerio verdadero al Señor se restablecieron. Aun así, había elementos del orden divino ausentes en las afueras de los muros del templo. Fue este orden divino lo que afectó la justicia, el comercio, el gobierno, la familia y la seguridad de los habitantes de Jerusalén. Esdras, los sacerdotes y los levitas no pudieron influir eficazmente sobre esos elementos de la cultura.

El caos, la opresión, y las condiciones deplorables que existían para los habitantes de Jerusalén y las zonas circunvecinas eran evidentes, pero la autoridad para originar el cambio necesario se le dio a un líder diferente: Nehemías. A Esdras y a los sacerdotes no les faltaba el deseo de establecer este orden en Jerusalén; pero no tenían la autoridad para hacerlo. Así como en el tiempo de ellos, la responsabilidad y autoridad para llevar el orden divino a ciudades y naciones hoy en día, descansa en Gente como Nehemías que ha sido colocada soberanamente en cada nación y ciudad.

Liderazgo – ¿La Crisis De Nuestros Días?

Recientemente le oí decir a un respetado líder religioso: "El liderazgo es la crisis de nuestros días". Parecería como que hay un vacío de dinámicos líderes ungidos en todas las esferas de la cultura, incluso en la esfera religiosa. Sin embargo, está ocurriendo un surgimiento global, a medida que líderes ordenados por Dios comienzan a percatarse del llamado que tienen para configurar la cultura en vez de dejarse configurar por ella. Estos líderes son la Gente como Nehemías de nuestro tiempo. En el pasado, la santidad de un llamado de esta naturaleza no lo entendían ni los que tenían ese llamado, ni los afectados por él. No obstante, este surgimiento es un despertar innegable que crecerá hasta convertirse en un tsunami en los días venideros. En el tiempo descrito en este texto, Nehemías aceptó el manto de representar los intereses de Dios. Aceptar el manto fue para Nehemías el punto de partida y es allí también donde comienza para nosotros.

Los resultados espectaculares de la muralla de Nehemías se dieron en un período de tiempo relativamente corto. Lo que a menudo pasa desapercibido en estas notables hazañas de liderazgo es la precisión divina de posicionar y evaluar el carácter, que debió haber precedido el pleno respaldo que Dios le dio a Nehemías. Este proceso de posicionamiento es a menudo frustrante e invisible para nosotros. Luego está el proceso de evaluación que es un requisito para todos los que serán sus embajadores. Estos factores esenciales nos califican para la unción de Dios y nos hacen más dependientes de Él y confiados en Su designación. Esta dependencia y confianza se ven claramente ilustradas en la vida de Nehemías.

El libro de Nehemías también define patentemente uno de los asuntos difíciles de nuestros días para los líderes afines al Reino en todas las esferas de la sociedad — la relación de trabajo adecuada entre los líderes de la calidad de Nehemías y los sacerdotes del momento. La concepción que tenía Nehemías del sistema adecuado de autoridad, y su función dentro de ese sistema, estableció la base para la transformación histórica de toda una nación y eventualmente produjo un gran avivamiento. Este surgimiento global de hombres y mujeres en el gobierno y el comercio no puede negarse, pero todavía hay una carencia de conocimiento acerca de este sistema de autoridad que es en gran medida, parte del orden divino. A medida que avanzamos juntos en la lectura de este libro, creo que Dios revelará lo que necesitamos entender para el establecimiento de una visión del Reino que transformará a todas las naciones.

Las circunstancias y desafíos que las naciones de nuestros días enfrentan hoy son sin lugar a duda diferentes de las que encontró Nehemías, aunque el propósito y la naturaleza de esta clase de llamado siguen siendo distintos y singulares. Dios aún mantiene el deseo de establecer lo que no existe, de poner en marcha Su orden y extender Su influencia sobre acontecimientos y el discurso nacional. Sí, nuestro mundo ha cambiado significativamente desde que Nehemías oyera por primera vez este informe acerca de una ciudad y un pueblo casi a mil cuatrocientas cincuenta kilómetros (novecientas millas) de distancia, pero el carácter de hombres y mujeres que originan cambio por medio de la unción de Dios no ha cambiado.

Importancia De Los Logros De Nehemías

Casi dos mil quinientos años han transcurrido desde que se escribiera el Libro de Nehemías; no obstante, permanece como uno de los ejemplos escritos más contundentes del liderazgo ordenado por Dios, de la transformación cultural y el cambio sistémico. Las hazañas de Nehemías han trascendido el debate teológico y los sermones dominicales de la mañana para llegar a salas de conferencia, almuerzos de negocios y consejos de gobierno. Los logros alcanzados por Nehemías pueden escucharse de labios de jefes de estado, líderes empresariales, del gobierno, del ministerio y de familias alrededor del mundo.

Este claro mensaje de un liderazgo de principios, enfocado y piadoso, demostrado por este hombre es un modelo para líderes en cualquier capacidad, trátese de líderes como gerentes ejecutivos de una corporación mundial o propietarios de un negocio pequeño, o que el líder sea jefe de una agencia gubernamental, un general o un soldado de infantería, o sea su tema de conversación durante una cena familiar. Este libro es una narración convincente de lo imposible hecho posible gracias al poder de Dios, improbablemente a través de un hombre que al comprender la trascendencia del momento se entregó completamente al propósito estratégico de Dios.

Sin embargo, limitar el Libro de Nehemías a un conjunto de principios de liderazgo es pasar por alto no solo el significado profético, sino la pertinencia para nuestra generación. El Libro de Nehemías es ciertamente todo lo indicado antes, pero es mucho, mucho más. Es una ilustración del proceso de desarrollo de Dios y se hace cada vez más relevante cada día que pasa cuando experimentamos el caos del liderazgo global en busca de soluciones para una cultura compleja.

La Transición

Las mismas normas de carácter y servicio que Dios aplicó a las vidas de Josué, David, Ester, Daniel, Débora, Amós, Pedro y Pablo, los aplicará a su vida. Tal vez se esté preguntando: "Si Nehemías es tan relevante, ¿dónde están entonces los grandes líderes de nuestro tiempo?" ¿Dónde están los hombres y mujeres de Dios, dinámica gente de principio en la política, gobierno, los negocios, y también en ministerio que llevan la unción y la obvia aprobación de Dios como este hombre llamado Nehemías? La Gente como Nehemías de nuestra generación — hombres y mujeres que llevan en sus vidas esta clase de respaldo — se sientan en nuestras iglesias, ya sea un culto en una casa en la China, una mega iglesia en América Latina o una iglesia litúrgica en África.

En ocasiones, los líderes eclesiásticos no hacen una buena labor entendiendo, identificando o comisionando a los que llevan este llamado único para representar los intereses de Dios más allá de los muros de la iglesia. La mayoría de los líderes eclesiásticos son buenos identificando dones y unciones dentro del contexto de la vida de la iglesia local, pero no tan buenos para entender el llamado a un liderazgo para influir fuera de las cuatro paredes de la iglesia: en la empresa, la educación, o el gobierno, por ejemplo. Esta es la consecuencia indeseada de filtrar todo a través del prisma de un modo de pensar sagrado/secular, y esta consecuencia indeseada ha ocasionado que la influencia sobre la cultura alrededor del mundo disminuya aún más. Hablaré más de este tema en los capítulos que siguen.

Vientos De Cambio

A pesar de este modo de pensar, los vientos de cambio están soplando. Cuando Dios está a punto de originar un cambio crea en las personas, particularmente en Sus líderes, algo a lo que me referiré como un descontento santo contra el orden establecido. Dios lentamente comienza a revelar más de lo que Él es y Su deseo de cambio, y comenzamos a ver las cosas de manera diferente. La intimidación de lo que parece imposible comienza a cambiar a la esperanza de lo que es posible. Esa esperanza actúa como catalizador de una manera distinta de pensar.

¿Retos Insuperables?

¿Le parece a usted que los retos que nuestra generación confronta son casi insuperables o que la cosmovisión bíblica está siendo marginada por un liderazgo comprometido? ¿Cree que las instituciones culturales que generan el contexto dentro del cual cada sociedad funciona son cada vez más contradictorias? ¿Piensa que tenemos un serio vacío de la clase de liderazgo necesario para que nos movilice para una batalla épica final — la clase de liderazgo dinámico, generoso, piadoso demostrado por Nehemías y por tantos otros a lo largo de la historia?

Tenga la certeza de que Dios no está tomando una postura defensiva en lo que algunas veces nos parece que es esta gran batalla por la cultura de las naciones. Él no tiene que movilizarnos para la batalla final contra sus adversarios, porque la victoria está garantizada.

Es, no obstante, una cuestión de Sus estrategias, Su tiempo, Sus propósitos y Su llamado y respaldo a los hombres y mujeres que implementarán estas estrategias en los días venideros. La ciudadanía en su Gobierno — el

Reino de Dios — significa que usted está viviendo bajo la fuerza gubernamental y económica más poderosa, moral y espiritual. Sin embargo, pocos de los que ejercen funciones en los lugares de trabajo del mundo entienden el privilegio y los derechos de esta ciudadanía.

Esta ciudadanía no solo tiene implicaciones teóricas y espirituales para nuestra vida diaria, sino que tiene implicaciones prácticas para los sistemas de gobierno y económicos de todas las naciones de la tierra. Esta ciudadanía nos permite no solo ejercer la influencia apropiada dentro de la estructura de iglesias y ministerios, sino también en los vestíbulos del gobierno, en las calles del comercio, en las universidades y sistemas escolares, y en cada tejido de la cultura. ¡Este es uno de los sonidos de trompeta globales de nuestros días! Vivimos en un tiempo como ningún otro, cuando Dios está haciendo grandes cosas por medio de la gente que Él ha posicionado y preparado para este momento de la historia. Es de suma importancia que aquellos que dirigen entiendan las expectativas que Dios tiene para cada uno de ellos y las responsabilidades que acompañan su respaldo. Dios tiene un proceso de desarrollo para Gente como Nehemías, y el Libro de Nehemías es el modelo para ese proceso.

LA CONVERGENCIA DIVINA

En los versículos que aparecen al inicio de este capítulo, Nehemías describe un momento específico que cambió radicalmente su vida y en último término, la vida de una nación y sus habitantes. Algunos eruditos dicen que Nehemías escribió este libro de su puño y letra, así que tenemos la narración de primera mano de este momento radical. Describe a lo que yo me referiré como una convergencia divina —un punto fundamental de intersección de tres elementos dinámicos en un momento específico. Veamos los tres elementos:

1. Una crisis que al parecer es imposible o irresoluble
2. La intención de Dios, en este momento específico, de ejecutar las soluciones que Él tiene para la crisis por medio de un hombre o una mujer
3. El destino personal de un hombre o una mujer con la aprobación de Dios que se encuentra en una posición estratégica

Este principio eterno lo han repetido muchos de los que ya hemos leído en las Escrituras, y es un principio que tiene aplicación directa para nuestras vidas hoy en día. Estos momentos de convergencia divina suceden en muchas escalas diversas en nuestras vidas personales, nuestras naciones e incluso globalmente. Es esencial que entienda la naturaleza crítica de la convergencia divina, porque si no entiende esta intersección, dejará pasar el momento y vivirá lamentándose. Para ilustrar la importancia de este punto, permítame darle una visión general de la época de Nehemías.

La Visión General De Los Tiempos

Nehemías formaba parte de la población judía del imperio persa (hoy Irán, partes de Iraq, Turquía y mucho del Medio Oriente). Residía en la ciudad capital, Susa, y según sus propias palabras: *"En aquel tiempo yo era copero del rey"*.[2] La función tradicional de un copero era la de anunciar al rey en ocasiones formales y supervisar la preparación de los alimentos y bebidas para el rey y su familia, y probarlos antes de que el rey los consumiese.[3] Como copero del rey Artajerjes, Nehemías debió haberse establecido como un siervo confiable, porque era la última línea de defensa del rey contra envenenamientos. La intriga era siempre una realidad presente en la corte de antiguos reyes, y el envenenamiento seguía siendo una posibilidad constante. Es posible que el rey se ocupara de que Nehemías viviera en el esplendor del palacio real y lo compensara bien por su servicio y que de esta manera no fuera susceptible a sobornos por parte de sus adversarios. Nehemías, por lo tanto, era un funcionario con cierta prominencia y visibilidad en Susa, ya que a menudo estaba al lado del rey. Su vida en Susa fue, sin lugar a duda, una vida de privilegio y comodidad.

Si bien el libro de Nehemías habla de estas hazañas maravillosas de liderazgo lleno de situaciones desafiantes y de amenazas para la vida, a la mayoría de nosotros se nos hace difícil imaginar que este líder dinámico, la mayor parte de su vida adulta sirvió a un rey pagano. Aunque poseía estas semillas de liderazgo, debió haberse sentido continuamente desaprovechado con los asuntos cotidianos de su vida al saber, tal vez, que Dios lo tenía destinado para algo más, pero desconociendo lo que ese "algo más" sería. Cuando observo las vidas de hombres y mujeres de Dios que han realizado grandes cosas, pienso que la promoción de Dios — los momentos de promoción, dramáticos como la zarza ardiente — llega como resultado de la disciplina de ser fieles en las rutinas de la vida.

Desde su perspectiva, lo que se presenta como una vida llena de rutinas y pormenores interminables, y que a su entender no tiene nada que ver con lo que le parece es el destino que se le ha dado, a menudo es la preparación y el posicionamiento de Dios para una convergencia divina. Este fue ciertamente el caso de Nehemías. Posiblemente cuando Nehemías oyó estos informes alarmantes sobre sus hermanos en Jerusalén, no entendió su lugar y posición estratégica gracias a la mano soberana de Dios. Casi nunca lo entendemos. No obstante, fue este posicionamiento y colocación lo que le permitió a Nehemías llegar a ser un instrumento de cambio del que todavía estamos hablando casi dos mil quinientos años después.

LA CIUDAD SANTA EN RUINAS

Jerusalén había estado en ruinas por espacio de ciento cuarenta y dos años. Fue aproximadamente setenta y dos años antes cuando el rey Ciro de Persia emitió el decreto que enviaba a Zorobabel, el gobernador, y a Josué, el sumo sacerdote, de regreso a Jerusalén con cerca de cincuenta mil judíos exiliados para reconstruir el Templo. Aunque este Templo carecía del esplendor del Templo de Salomón, era el cumplimiento de un decreto profético con el que esencialmente se terminaban setenta años de cautiverio. Luego de algunas demoras se erigió el Templo, aunque rodeado de ruinas y desolación. Podía decirse que el Templo estaba listo para la ciudad, pero la ciudad no estaba lista para el Templo.

Cuando Nehemías oyó el informe de sus hermanos judíos, Jerusalén había estado en ruinas por generaciones. Esta Jerusalén no era otra que la Ciudad de Dios, donde se asentaba el trono de uno de los más grandes reyes de la historia, el Rey David. En esta Jerusalén estuvo ubicado el magnífico Templo de Salomón y era la ciudad más importante en el corazón de todos los judíos, pasado, presente y futuro.

Nehemías oyó no solo de la muralla destruida y de las puertas consumidas por el fuego, sino también de las familias judías en Jerusalén y sus alrededores que vivían en condiciones deplorables. Carecían de poder político o de protección del gobierno y estaban sujetas a grandes impuestos y a la dominación de parte de sus opresores quienes las despreciaban. Una ciudad sin murallas significaba falta de protección para los habitantes, y ya tres generaciones habían visto las murallas de Jerusalén derrumbadas. Es posible que Nehemías oyera un informe muy parecido al que el historiador judío Josefo le describiera a la élite social del imperio romano. En su obra, *Antigüedades de los Judíos*, Josefo describió las condiciones desesperadas que se vivían antes de la llegada de Nehemías:

> "…se encontraban en mal estado porque sus murallas fueron derribadas y porque las naciones vecinas les causaron mucho daño a los judíos, ya que durante el día invadieron el país y lo saquearon, y en la noche les hicieron males, tanto que no pocos fueron sacados cautivos del país y de la propia Jerusalén, y que los caminos durante el día se encontraron llenos de hombres muertos".[4]

Fue este tipo de informe lo que entristeció el corazón de Nehemías y originó la respuesta que vemos en el primer versículo de este capítulo. El informe de Josefo acerca de una ciudad de hace miles de años, se parece mucho a la situación de algunas naciones de hoy.

LA RESPUESTA DE NEHEMÍAS

Hay muchos hombres y mujeres que tienen capacidades de liderazgo únicos en nuestro mundo hoy. Ellos son los que dirigirán organizaciones, empresas, agencias y ministerios. Sin embargo, es el respaldo de Dios lo que los capacita para emplear esta influencia para resolver los problemas monumentales de cultura con determinación tenaz, discernimiento y claridad de propósito. Al estudiar el modelo que Dios nos da en este libro, veremos que hay varios prerrequisitos para este respaldo y el primero es un entendimiento del significado de la convergencia divina.

Primeramente, al escuchar este informe, Nehemías comenzó un tiempo de ayuno, de oración, de arrepentimiento que lo incluía a él, a su familia y a la nación entera.

Al escuchar esto me senté a llorar; hice duelo por algunos días, ayuné y oré al Dios del cielo. (Nehemías 1:4)

La definición en hebreo nos presenta un cuadro mejor de su respuesta: "llorar es una señal de dolor y pena". El alma de Nehemías se conmovió ante el sufrimiento de su pueblo, al punto de percatarse de su propio pecado, del pecado de su pueblo y del pecado de su nación. El pecado tal vez sea un concepto poco popular en nuestro mundo contemporáneo, pero es una realidad que debe reconocerse antes de que las líneas de comunicación puedan abrirse y se revelen las estrategias de Dios. Lo primero es lo primero, entonces las estrategias que Dios tiene para nosotros personalmente, para nuestras comunidades y naciones, brotarán de una comunicación sincera, no de la hipocresía o de pretensión religiosa. Estas confesiones de Nehemías sentaron los cimientos para que Dios revelara las estrategias.

Segundo, Nehemías le "recordó" a Dios la palabra que le había dado a Moisés y a su nación.

Recuerda, te suplico, lo que le dijiste a tu siervo Moisés: "Si ustedes pecan, yo los dispersaré entre las naciones: pero, si se vuelven a mí, y obedecen y ponen

en práctica mis mandamientos ... los recogeré y los
haré volver al lugar donde he decidido habitar".
(Nehemías 1:8-9)

Debo decir que Dios no necesita que se le recuerde nada, aunque repetir las promesas que Él nos ha dado hace que nuestra conversación con Él se enfoque apropiadamente. Una y otra vez en la Biblia encontramos la admonición "recuerden" las cosas que Dios ha hecho en el pasado. A todos nos llegan los tiempos difíciles, pero quedarnos en la desesperación del momento o concentrarnos en la crisis de lo inmediato nos paralizará hacia la inactividad. Nos anima recordar lo que Dios hizo en el pasado, recordar Sus manifestaciones, Su liberación y Sus promesas.

Cuando enfrento momentos difíciles descubro que es especialmente liberador comenzar a declarar en voz alta, en mi oración, cómo Dios me rescató en los momentos difíciles y desafiantes en el pasado. Pronuncio en voz alta las promesas que Él me ha hecho o versículos de las Escrituras que he recibido como una promesa de Dios. No creo que le sea de provecho a Dios, pero siempre edifican mi confianza y mi fe en Él. Nehemías estaba haciendo justamente lo mismo, y mientras lo hacía, su comunicación con Dios comenzó a enfocarse en las soluciones. La orientación de Dios va siempre dirigida hacia las soluciones, no a lo que nosotros percibimos como problemas. El cambio transformacional comienza cuando aceptamos la realidad de la perspectiva de Dios y le pedimos nos dé la oportunidad de producir un cambio.

La Naturaleza De La Convergencia Divina

Comprender la naturaleza crítica de estos momentos de convergencia divina puede ser el factor determinante para el cumplimiento de los destinos no solo en el ámbito personal, sino organizacional, nacional e incluso globalmente. Las implicaciones son siempre más grandiosas que el enfoque limitado y egocéntrico de naturaleza personal. Las consecuencias de estos momentos afectan a familias, organizaciones, comunidades y naciones.

Hace varios años celebraba una Conferencia de Liderazgo en el Mercado en una nación latinoamericana, en una de las iglesias más grades de la ciudad. Un líder político nacional amablemente había puesto a su conductor a nuestro servicio para que nos llevara por la ciudad mientras nos preparábamos para la conferencia al día siguiente. Su hija fue nuestra intérprete. Esta jovencita ingresaría en pocos meses a la universidad y resultó ser una magnífica anfitriona, llena de vida y llena de Jesús. Obviamente mamá y papá habían hecho un gran trabajo.

Cuando nos detuvimos, su padre y uno de sus asistentes se reunieron con nosotros para almorzar y hablamos sobre la política de la nación. Cuando el asistente se fue, el padre comenzó a contarme que él había sido, en alguna ocasión, el pastor principal de una de las iglesias más grandes de la ciudad. Contó que, por años había sido un crítico franco y directo del gobierno nacional y de la corrupción y de la injusticia palpables que exhibían los líderes de la nación. Llegó incluso a animar a su congregación para que se mantuviera fuera del gobierno porque era corrupto. He oído a muchos líderes decir lo mismo una y otra vez durante mis viajes a otras naciones. Mi respuesta es siempre la misma: "¡Por supuesto que es corrupto! ¡A los hombres y mujeres que reciben la unción para guiar en justicia se les pide que se mantengan alejados! Cuando la luz está ausente, prevalece la oscuridad".

Contó que un día el Señor le habló muy claramente: "¡Quiero que comiences un partido político que se fundamente en Mis principios! Le contestó al Señor: "Yo sé cómo comenzar una iglesia, sé cómo comenzar una organización misionera, pero no tengo idea de cómo comenzar un partido político. ¡Mi iglesia va a pensar que estoy loco!" Dejó la iglesia para obedecer al Señor y muchos colegas de la comunidad pastoral lo criticaron abiertamente por dejar lo "sagrado" por lo "secular". Me dijo que Dios había confirmado su decisión una y otra vez, y le había dado una notable visión para la nación y su gente.

Hoy, el partido que formó sigue creciendo. Ocupa el tercer lugar de entre más de veinte partidos políticos en su nación y crece en influencia en el debate nacional. Con lágrimas en los ojos decía: "Soy un pastor de corazón, no un político. Todavía no sé por qué Dios me está usando de esta manera". Le respondí: "Un hombre con un verdadero corazón de pastor, con un corazón por el bienestar de la gente de toda una nación, es siempre la clase de hombre que Dios quiere para que dirija naciones".

En Isaías 22:21 encontramos a un hombre llamado Eliaquín. Dios había escogido a Eliaquín para ocupar un cargo semejante al de primer ministro del Rey de Judá. Una de sus cualificaciones aparece en estos versículos, cuando Dios dice lo siguiente acerca del hombre que Él escogió: *"Será como un padre para los habitantes de Jerusalén y para la tribu de Judá"*. Quienes tienen un verdadero llamado para liderar siempre tendrán un corazón de padre para el pueblo, al igual que Eliaquín y la razón es que se convierten en una extensión del gran cuidado de Dios por la gente. Este hermano reconoció la convergencia divina que estaba ocurriendo y al igual que Nehemías abrazó su destino, a un gran costo. La convergencia divina consiste en estas cinco características distintivas: Posicionamiento, Punto Crítico, Momento Decisivo, Responsabilidad y Plan. He aquí las características de la convergencia divina:

• **Posicionamiento:** La convergencia divina, o el momento de destino no la recibió Nehemías al azar, porque la selección de Dios no fue arbitraria — nunca lo es y nunca lo hará con usted. A través de la mano soberana de Dios Nehemías, un judío, fue posicionado como el copero del rey más poderoso de la tierra, el Rey Artajerjes, el gobernante de Persia y gran parte del mundo conocido. Aunque la sabiduría de Dios fluía por las venas de Nehemías, su función como copero no tenía voz en la mesa con los grandes consejeros del rey. Cuando se tomaban decisiones cruciales del estado, o cuando se formulaban los planes de las grandes batallas, a los coperos no se les pedía su consejo. No obstante, el posicionamiento de Dios para cumplir Sus propósitos es evidente.

La parte de posicionamiento en este proceso es a menudo la más frustrante para nosotros personalmente, porque siempre parece que se tarda más de lo debido. Sin embargo, durante este tiempo, Dios mueve las aguas de nuestra alma para prepararnos para la tarea que está a punto de encomendarnos.

Durante este posicionamiento tenemos que aprender sobre el contentamiento que es un requisito para los que lo servirán como sus representantes en el lugar de trabajo — contentamiento con Dios sin importar las circunstancias. En el momento del verdadero contentamiento, las cosas comienzan a cambiar. Durante la rutina, las tareas mundanas que mucho debieron ser parte de la vida de Nehemías antes de Jerusalén, el debió haber aprendido esta lección de contentamiento.

• **Punto Crítico:** La convergencia divina es un punto crítico donde se hace evidente el potencial de un cambio dramático. Para los que viven una vida en Dios, este momento es una culminación o el cumplimiento de tres cosas: preparación, posicionamiento y evaluación. Significa en el ámbito personal que las cosas no volverán a ser las mismas. Uno de los errores más comunes en momentos como este es ver esta convergencia divina a través del lente egocéntrico — mi ministerio, mi llamado, mi destino. Cuando hace eso, pierde de vista la gran estrategia para la cual Dios lo ha posicionado a usted. Es la intersección de estos tres elementos que toma lugar y la intención de Dios es producir un cambio deseado para el beneficio de la gente, de las comunidades, de las naciones y del mundo. Estos momentos representan el privilegio de ser escogido por Dios para llevar a cabo una tarea, más que el derecho de su destino.

Cuando Nehemías escuchó acerca de Jerusalén y del estado de judíos a quienes nunca había conocido, en un lugar que probablemente nunca había visto, esto creó un punto crítico para él. Jerusalén se encontraba aproximadamente a 1450 kilómetros (900 millas) de distancia, un viaje bastante considerable en ese entonces. La emoción y la simpatía pudieron haberlo motivado y después de unas lágrimas pudo haber seguido viviendo una vida cómoda. Sin embargo, Dios invirtió en el posicionamiento; evaluó las correctas y consistentes decisiones de Nehemías y probó su actitud, su lealtad y el desarrollo de su carácter, mientras era "poco utilizado". En este momento — el punto crítico — Dios recibió la ganancia de Su inversión.

• **Momento Decisive:** La convergencia divina es un tiempo peligroso que demanda acción decisiva de nuestra parte en el momento en que parece que el éxito no es seguro. Los tres elementos de la convergencia divina son dinámicos, se mueven hacia esta intersección en este momento del tiempo. No ser decisivo significa tomar una decisión de no actuar. Si lo deja pasar, vivirá arrepentido porque no puede recrear ese momento. La intersección de estos tres elementos dinámicos, al mismo tiempo, es un momento serio que da mucho que pensar, que podría pasar solo pocas veces en su vida. Tiene que tomar una decisión, y no tomarla es en sí una decisión. La acción decisiva y la obediencia a la voluntad conocida de Dios son el requisito.

La decisión requiere que se tenga fe — el conocimiento y la confianza de que Dios está trabajando. No hay margen para la presunción, no importa qué tan nebuloso parezca el camino. Estoy seguro de que Nehemías al principio no entendió las implicaciones a largo plazo de la decisión que tomó ese día en las calles de Susa, pero sí entendió la necesidad de esa acción decisiva.

Al momento de tomar la decisión, su existencia pasó de ser cómoda, ordinaria y rutinaria en el palacio donde estaba destinado a quedar olvidado y perdido en las páginas de la historia a una vida extraordinaria, sobrenatural y profética. En este momento se convirtió en el ejemplo de uno de los grandes líderes de todos los tiempos, y de cuyas hazañas todavía se habla después de transcurridos cerca de dos mil quinientos años.

- **Momento De Responsabilidad:** La convergencia divina es un momento de responsabilidad. Una responsabilidad que viene con ser la persona que implementa el cambio de Dios, y esa responsabilidad demanda un compromiso total. El cambio positivo de la cultura ya sea la cultura de una familia, de una organización o de una nación siempre envuelve una expresión del amor de Dios por la gente. Como lo verá, Nehemías pronto estaría creando las condiciones para un gran avivamiento, pero ese avivamiento estaba directamente vinculado a su obediencia, a su compromiso y unción.

La transformación y el cambio están relacionados con la unción de Dios y el compromiso total de sus siervos con Sus propósitos, no con sus talentos o habilidades. Nehemías tenía que aceptar primero la responsabilidad como intercesor porque hay una conexión directa entre la oración y el ayuno y los acontecimientos futuros. Su oración, ayuno e intercesión — la angustia de su alma por el estado en que se encontraba Jerusalén — sentaron las bases de un acontecimiento significativo en la historia de Israel. La oración y el ayuno establecen los acontecimientos futuros.

- **El Plan:** La convergencia divina siempre produce un plan. En estos momentos, cuando nos entregamos a la voluntad de Dios y aceptamos la responsabilidad de ser sus agentes de cambio, la estrategia comenzará a enfocarse. Una vez Nehemías reconoció este momento y debidamente abrió las líneas de comunicación a través del ayuno, de la oración, la confesión, el arrepentimiento y el compromiso, Dios comenzó a revelarle Su estrategia para resolver la crisis. Al buscar a Dios en la oración y el ayuno durante este período de cuatro meses, Dios le dio una pequeña muestra de las estrategias que Él tenía para Jerusalén y Su pueblo. Uno de los elementos primarios de esa estrategia requería la reconstrucción de la muralla de Jerusalén. ¡Esta tarea se le entregó a un hombre que había pasado la mayor parte de su vida adulta en una ocupación que lo llevaba a probar los manjares que se le daban a un rey! Tal parece que se trata, una vez más, de un recordatorio de que el análisis que Dios hace de las cualificaciones de una persona puede ser diferente al que nosotros hacemos.

- **Liderazgo y Unción = Soluciones:** Uno de las mayores conceptos que se está restaurando en nuestra generación es que a Dios le importan las cosas fuera de las paredes de la iglesia. Le preocupan cosas como negocios y ganancia, administración y liderazgo honorables. Se preocupa por un gobierno bueno y honesto, por la educación y la justicia.

Aunque sabemos que Él llama a la gente a un ministerio vocacional, hay un concepto creciente de que Él también llama a la gente a trabajar en los negocios, la educación y el gobierno. De hecho, ¡lo hace con la misma frecuencia! Uno podría plantear el caso de que un llamado de esta naturaleza es once veces más posible que el llamado al ministerio vocacional. Había una tribu de sacerdotes y otras once tribus, cada una con misiones diferentes, pero todas esenciales a la cultura de Israel. Usted necesita la misma unción, el mismo empoderamiento y favor para dirigir una empresa, como lo necesita su pastor para predicar un sermón o dirigir la congregación de su iglesia. Nehemías entendió este principio fundamental.

Gente como Nehemías entiende que las habilidades y la experiencia no siempre producen soluciones viables para una crisis. El liderazgo acompañado de la unción produce la solución divina. El elemento esencial de esta ecuación es humildad y franqueza con Dios. Creo que cuando Dios le dio a Nehemías esta estrategia integral para restablecer Su cultura en Jerusalén, en su mente se construyó la muralla, pero la muralla era apenas el comienzo de la estrategia total. Cuando Dios revela el plan, hombres y mujeres ungidos para dirigir el esfuerzo visualizan el trabajo completo. Las visiones en las que Dios respira son así.

Capítulo 3

Tapices Proféticos

Un día, en el mes de nisán del año veinte del reinado de Artajerjes, al ofrecerle vino al rey, como él nunca me había visto triste, me preguntó: "¿Por qué estás triste? No me parece que estés enfermo, así que debe haber algo que te está causando dolor". Yo sentí mucho miedo.

Nehemías 2:1-2

Existen pocos momentos estratégicos en la vida que tienen el potencial de activar el capítulo siguiente de su destino. Algunas veces, esos momentos estratégicos también desencadenan una serie de acontecimientos importantes que producen un cambio dramático. Lo que se representa aquí en estos pocos versículos es uno de esos momentos. Fue un momento profundo, estratégico en la historia del pueblo judío, no obstante, comenzó en una reunión privada de tres personas: dos de estas personas con gran influencia (el rey y la reina), y la persona que la soberanía de Dios había posicionado para recibir la autorización y provisión del gobierno.

La primera e importante autorización para cualquier trabajo es la que se recibe del cielo. No contar con esta clase de sanción en su vida y en su tarea, significa que carece de poder para efectuar el cambio del Reino que a menudo llamamos transformación. Usted recibe esta clase de autorización después del proceso de evaluación de Dios, que siempre parece mucho más largo de lo que debería ser. Nehemías ya había recibido esta primera autorización, la que originó una segunda autorización y cimentó el camino para la transformación de la sociedad en Jerusalén. El liderazgo transformacional primero lo sanciona el cielo, y luego el gobierno.

Dios Teje Tapices Proféticos

Es probable que Nehemías en realidad no entendiera la naturaleza profunda de lo que se estaba llevando a cabo en ese momento. Incluso los que tenemos una mente orientada a la estrategia rara vez podemos comprender estos magníficos tapices proféticos, que Dios entreteje tan intrincadamente por generaciones, sin el beneficio de un contexto histórico. Los hilos de estos tapices proféticos son las vidas de hombres y mujeres obedientes que demuestran un compromiso total con los caminos y propósitos de Dios para su generación. El compromiso de esta naturaleza siempre se asocia con un gran riesgo. Tendemos a evaluar el nivel del riesgo a través de nuestros lentes egocéntricos, que preguntan: "¿De qué manera mi función en el plan de Dios afectará mi nivel actual de comodidad?" La comodidad personal siempre parecer ser de primordial consideración para tomar nuestra decisión de obedecer.

Otra consideración importante para mí es el asunto de la información. Parece que Dios nunca me proporciona suficiente información para que me sienta "cómodo" con estas grandes decisiones sobre mi participación en Sus estrategias. El grado de información siempre parece ser apenas lo que necesito para andar en estas cosas por fe. La aventura de la fe nos la describe elocuentemente el autor de la carta a los Hebreos:

Ahora bien, la fe es la garantía de lo que se espera, la certeza de lo que no se ve (Hebreos 11.1)

Sería mucho más cómodo si Dios nos diera toda la información que deseamos que nos permitiera evaluar adecuadamente y tomar una decisión fundamentada. Sin embargo, las estrategias de Dios casi nunca se revelan así.

INCERTIDUMBRE

La incertidumbre nos acerca más a Dios. Esa incertidumbre estimula nuestro deseo de oír Su voz en lo que concierne a nuestra función. La incertidumbre, en último término, nos lleva a darnos cuenta de que nuestras capacidades no pueden efectuar el trabajo que Dios quiere que se haga. La seguridad de la incertidumbre finalmente nos llevará a comprender que Dios requiere de nosotros un paso para que nuestra función en la aventura de la transformación se revele. ¿Está usted listo para dar ese primer paso?

Siempre hay una naturaleza profética para la participación en estas estrategias, aunque al principio casi nunca lo parece. Nuestra participación estará acompañada por implicaciones a largo plazo que pueden ser globales e históricas, aunque lo suficientemente pequeñas para requerir nuestro compromiso personal en el proceso. Las estrategias del Señor comienzan con la simple obediencia de una persona. Esta obediencia siempre incluirá riesgos porque nuestra participación será un desafío para todo lo que es conocido, seguro y cómodo. Sin embargo, para Gente como Nehemías, la recompensa, por mucho, supera el riesgo. El proceso de evaluación del riesgo es el elemento necesario de la ecuación, cuando contamos el costo. Aunque estoy seguro de que Nehemías pasó por esta evaluación del riesgo, es improbable que hubiera entendido plenamente las implicaciones históricas de su obediencia.

LA PROFECÍA DE LA ENTRADA TRIUNFAL DE JESÚS

Sir Robert Anderson fue el director de Investigación Criminal de Scotland Yard a finales del siglo XIX. Ciertamente en esta función no fue ajeno a la investigación exhaustiva, científica y detallada. Anderson fue también predicador, erudito bíblico y autor de diecisiete libros. En 1881 publicó el libro *El Príncipe Que Ha De Venir*. En él, presenta un argumento sólido acerca de la "entrada triunfal" de Jesús a Jerusalén pocos días antes de Su muerte, ilustrando así la naturaleza profunda de la obediencia de Nehemías en ese preciso momento. Casi cien años antes de la descripción de Nehemías de este momento delante del rey y la reina persas, el profeta Daniel registró una profecía que le diera el ángel Gabriel:

> *Entiende bien lo siguiente: Habrá siete semanas desde la promulgación del decreto que ordena la reconstrucción de Jerusalén hasta la llegada del príncipe elegido. Después de eso, habrá sesenta y dos semanas más* (Daniel 9:25).

El libro de Anderson afirma lo siguiente:

> "¿Cuál fue entonces el período entre el decreto para reconstruir Jerusalén y el advenimiento público del "Mesías Príncipe" — entre el 14 de marzo de 445 A.C. y el 6 de abril de 32 D.C.? El intervalo contenía exactamente, y día por día 173,880 días; o sea, sesenta y nueve veces siete años proféticos de 360 días, las primeras sesenta y nueve semanas de la profecía de Gabriel".[1]

Si Anderson está en lo correcto, las probabilidades matemáticas de que Daniel predijera la fecha del pronunciamiento del decreto para la reconstrucción de Jerusalén y la entrada triunfante del Mesías en Jerusalén, justo antes de Su muerte, son incalculables. De igual manera, habría sido imposible para Nehemías entender la naturaleza y precisión de la gran estrategia que Dios había planeado para la humanidad, ya que, en su tiempo, no había un Libro de Daniel al que referirse, solamente el Torá. No obstante, hay dos observaciones importantes en este versículo aparentemente oscuro al principio del capítulo 2 de Nehemías.

En primer lugar, Nehemías actuó basándose en la información que le habían dado. Como usted y como yo, respondió a la incertidumbre de dejar su cómoda vida para dirigirse a un lugar donde nunca había estado, y hacer algo que nunca había hecho. Él no pudo prever el significado de su rol en este punto de referencia profético para una nación y para la humanidad. ¡Este acontecimiento se desarrolló a lo largo de casi seiscientos años!

En segundo lugar, Nehemías evaluó el riesgo y luego aceptó el mandato, aunque ese proceso de evaluación debió haber incluido algún debate personal de si era o no razonable y lógico, porque siempre es así. Los que tratan de disuadirlo siempre plantean esta clase de argumento.

Argumentos Razonables y Lógicos

Si bien es cierto que nuestro contexto histórico es desde luego diferente del de los días de Nehemías, los argumentos de "razón" y "lógica" contra nuestra obediencia encierran claramente un tono familiar, no importa en qué generación vivimos. Veamos unos cuantos argumentos familiares que posiblemente pasaron por la mente de Nehemías:

1. *"No tengo ninguna experiencia como director de construcción y Dios no querría a alguien que no reúna las calificaciones para hacerlo".* Generalmente este es el primer argumento contra la obediencia porque es una excusa fácil. Como lo expresa mi estimado amigo, el doctor Bradley Stuart: "Dios no siempre usa al calificado, sino más bien, Él califica a los que están deseosos de ser usados".[2]

2. *"Tengo un cargo de influencia ante el rey que me permite representar mejor los intereses de la comunidad judía en Susa".* El razonamiento en contra de la obediencia siempre lo hará pensar que su cómoda posición de influencia está en peligro de ser perdida. Es Dios quien le da influencia a hombres y mujeres, y Él puede quitarla en cualquier momento.

3. *"Jerusalén ha estado así por espacio de ciento cuarenta y dos años. ¿Cómo puedo pensar que voy a cambiar eso?"* Su destino está ligado a lo imposible. Si va a establecer los propósitos de Dios en los días venideros, no puede dejar que lo imposible lo intimide. Simplemente comience a realizar su viaje personal hacia Jerusalén, y Dios le dará una clara visión de las murallas terminadas.

4. *"Es un territorio hostil y estoy seguro y cómodo aquí".* Siempre es más seguro quedarse donde se está cómodo. Quedarse en un sitio seguro cuando Dios dice: "¡Dirígete a lo incierto!" no es otra cosa que alcanzar una vida de frustración, ordinaria y mundana. A la larga, se dará cuenta de que sacrificó su momento de destino por la comodidad, y el

arrepentimiento será su compañero por el resto de su vida.

5. "*Le daré unas cuantas monedas de plata extras al Fondo de Ayuda de Jerusalén cuando el rabino recoja la ofrenda el próximo Sábado*". Este parece que tranquiliza la conciencia y lo hace "sentirse bien". Sin embargo, es realmente el más fácil de todos. Dios no necesitaba las monedas de Nehemías, ni necesita las suyas. Él necesitaba su obediencia, y necesitará también la suya.

Todos estos argumentos en contra de hacer algo tan descabellado como reconstruir una muralla y que han traspasado generaciones tienen múltiples opciones, todas ellas parecen alternativas "razonables". Cada una de esas alternativas la respaldarán la familia, los amigos y los asociados. Sin embargo, Gente como Nehemías está destinada a vivir vidas obedientes que trascienden cualificaciones, comodidad, seguridad y argumentos razonables. Su obediencia lo catapulta a una existencia extraordinaria, llena de la unción y la autoridad de Dios — dos elementos que Él emplea para influir en el curso de la historia.

La Etapa De La Activación

Este monumental acontecimiento profético de la historia comenzó de una forma muy pequeña. El cambio transformacional siempre comienza de esta manera. Para Nehemías, este cambio transformacional comenzó con su decisión privada de aceptar la responsabilidad de ser la solución de Dios a una situación difícil. Así como Nehemías, el cumplimiento de su destino se logra o se pierde por lo que siempre aparecen como decisiones personales pequeñas o insignificantes, que generalmente se toman en privado. Es en privado donde usted recibe el respaldo de Dios. Esa aprobación activa una clase especial de favor que producirá la segunda clase de aprobación que ya he mencionado, la del gobierno. Nehemías necesitaba la aprobación gubernamental que liberara la provisión que Dios tenía para esta tarea.

Por su fiel servicio, a lo largo de los años, Nehemías se ganó la confianza de su empleador, el rey de Persia. Aunque en los versículos al principio de este capítulo, Nehemías nos cuenta sobre la gran ansiedad que tenía en ese momento ante la presencia del rey, y con buena razón. El rey Artajerjes era el gobernante más poderoso de la tierra en ese entonces, y la única actitud aceptable en su presencia era la satisfacción. Un rostro triste en la presencia de un rey de Persia podía percibirse como el esfuerzo para manipular al rey o disimular alguna intención mala o traición contra su trono. La tristeza podía ser causa de prisión o ejecución. Por eso Nehemías tenía razón para estar asustado. La franca respuesta a la pregunta del rey requirió de mucho valor porque la amenaza a su bienestar era real:

> *¡Que viva Su Majestad para siempre! ¿Cómo no he de estar triste, si la ciudad donde están los sepulcros de mis padres se halla en ruinas, con sus puertas consumidas por el fuego?* (Nehemías 2:3).

El Principio Llamado Invitación

Cuatro meses de intensa oración y ayuno por el estado de los judíos habían afectado el rostro de Nehemías. Aunque fielmente continuaba en su rutina cotidiana de servicio al rey, su corazón estaba afligido ante el sufrimiento de los judíos en Jerusalén y sus alrededores, y esa angustia del alma se reflejaba en su rostro. La respuesta inmediata de Artajerjes fue elocuente: "¿Cuál es tu petición?" Nehemías acertadamente había guardado silencio acerca de la tarea que se le encomendaba durante esos cuatro meses de ayuno y oración. Esperó a que llegara el momento de la invitación para expresar lo que Dios había estado infundiendo en su alma.

Personalmente he descubierto que el principio de invitación es una de las claves para liberar el propósito de Dios para mi vida y las vidas de otros. Jesús habló de esto en Lucas 14:10-11.[3] Muchas veces, Dios capacita a Sus líderes, para pasar a la etapa de la activación invitándonos a entrar en esa etapa. Puede que sienta la necesidad de una campaña publicitaria personal para contarle a todo el mundo que sabe lo que Dios ha sembrado en su corazón. Sin embargo, Él no necesita nuestra ayuda en "relaciones públicas" para conectar los puntos para Sus propósitos. Primeramente, Dios origina la visión y luego pasamos por el proceso de establecer un pacto con esa visión. Entonces, esperamos el momento de la invitación. El rey invitó a Nehemías a que expresara su visión para Jerusalén.

Proteger La Visión

Charles Finney fue uno de los grandes evangelistas del siglo XIX en los Estados Unidos. En sus últimos años fue profesor del Colegio Oberlin y escribió extensamente acerca del avivamiento y de su camino personal. En su libro *La autobiografía de Charles G. Finney* aconsejaba atesorar estas visiones de grandes cosas hasta que llegara el momento adecuado. Porque hablar de una visión que ha recibido en su espíritu en la etapa inicial, la hace más vulnerable ante quienes no la entienden. Finney dijo que, en sus primeros días como seguidor de Jesús, había tenido momentos de comunicación con el Señor donde se le había dado una penetrante revelación que, según sus propias palabras, era difícil de describir.

> "Pero pronto descubrí que no debía contar lo que estaba pasando entre el Señor y mi alma … Pronto descubrí que era mejor permanecer callado en lo que concernía a las manifestaciones divinas y no hablar de ellas".[4]

Así lo entendió Nehemías y usted también debe entenderlo así.

POSICIONAMIENTO DE AQUELLOS CON AUTORIDAD

Muchos comentaristas creen que la reina a la que Nehemías se refirió aquí no era otra que Ester.[5] El rey Artajerjes sería mucho más favorable a las peticiones de Nehemías con una reina judía (o Reina Madre) susurrándole al oído. Dios hace todas las cosas bien y Su probable posicionamiento de Ester es un elemento que se pasa por alto en esta ecuación.

Según Gente como Nehemías se mueve a sus posiciones de responsabilidad sepa, sin lugar a duda, que el Dios que usted sirve no desatenderá ningún detalle. Cuando su deseo no es otro que el de cumplir los propósitos de Dios por medio de nuestro liderazgo, y no el de avanzar sus egoístas ambiciones profesionales, con frecuencia ocurrirán "coincidencias". Su llamado único es el de apoyar los propósitos que Dios tiene para nuestra generación y no que Él respalde los suyos. El papel de Ester como Reina de Persia fue un detalle importante en lo que llegó a ser un significativo momento profético para el pueblo judío. Fue ordenado por el Gobernante Supremo del Universo.

La Fidelidad Inspira Confianza

Para que el Rey Artajerjes considerara despachar a su última línea de defensa contra el envenenamiento, indicaría un nivel de confianza más allá de la competencia profesional. El rey debió haber confiado en el carácter de Nehemías y esa clase de confianza se desarrolla con el tiempo, a través de observar las actitudes del corazón, la fidelidad, el honor, la lealtad y el servicio que fueron fundamentales para esta conversación. Es evidente por el texto los motivos de Nehemías nunca fueron cuestionados por el rey.

Mucho de lo que vemos como significativo en nuestros días, que tiene la naturaleza del Reino, se establece por medio de relaciones respaldadas por Dios. Siempre ha sido así, pero la tecnología de hoy facilita mucho más crear y mantener estas relaciones. A mi juicio, uno de los grandes misterios del Reino es cómo Dios reúne a personas afines de todo el mundo. Crea interconexiones entre líderes establecidos y líderes emergentes para un propósito más grande. Si bien es posible que ese propósito no siempre sea evidente de inmediato, usted no puede minimizar la importancia de tratar las relaciones que Dios pone en su vida con rectitud, lealtad y honor. Es a través de estas relaciones que el cumplimiento de su destino se desenvolverá en lo que respecta a estas estrategias del Reino.

La Autoridad Se Delega, No Se Asume

Para que el plan estratégico se implemente, esa secundaria autorización del gobierno era necesaria. Nehemías no suplicó por esta autorización; no demandó que se le diera, ni la reclamaba constantemente ante el rey (su empleador) como algo merecido. La autorización gubernamental le fue ofrecida por invitación. La verdadera autoridad para llevar a cabo las estrategias que Dios tiene para nuestra generación se la delegarán por invitación, no será asumida. Llega como una invitación, no se toma ni se asume a través de actividades, palabras sediciosas, o incluso ideas contra los que están en posición de darla. La autorización gubernamental es parte del plan de Dios para la tarea transformacional del Reino en nuestros días.

Nehemías fue enviado a Jerusalén por su rey. Ese "envío" incluía una escolta militar, materiales de construcción para edificar las puertas después de que las murallas fueran construidas, provisión financiera para él y para el trabajo y documentos oficiales del rey a todas las autoridades de su gobierno en los que autorizaba a Nehemías a reconstruir las murallas de Jerusalén — todo esto pagado por el rey. En otras palabras, toda la fuerza del Gobierno del Cielo autorizó a Nehemías para llevar a cabo el propósito que Dios tenía para una ciudad. Esa autorización celestial produjo la segunda autorización cuyo resultado fue que el gobierno en pleno de Persia proveyera lo necesario para esta tarea.

LA PROVISIÓN LE AGUARDA AL OBEDIENTE

Grandes son los retos que se presentan en nuestro mundo actual, sin embargo, los retos siempre han sido las incubadoras de nuevos líderes con la unción de Dios que aportan soluciones. Las soluciones de Dios presentadas en Su tiempo, NUNCA carecen de las provisiones necesarias para ejecutarlas. Nehemías tuvo que pedirles a los que eran los cuidadores de la provisión de Dios para este trabajo, pero la provisión completa para las estrategias de Dios nunca han sido una barrera para cumplir la tarea, no importa qué tan grande sea.

Aceptar estas tareas virtualmente garantiza un cambio en su estado actual, porque estas tareas siempre llegan con estrategias de implementación que demandan una acción decisiva. Por mi observación y experiencia sé que, primero, usted acepta la tarea y luego, Dios le da Su estrategia. Creo que funciona de esta manera porque Dios no usa a individuos a los que Él tenga que convencer con información. Él usa a personas que confían en Él. Cuando revela Sus estrategias — y estas estrategias por lo general se dan por revelación — se aplica la autoridad del Reino de Dios.

La paciencia para esperar el tiempo de Dios es esencial para nuestras vidas personales, pero es igualmente importante cuando ciudades y naciones están en juego. El tiempo de Dios se asocia con Su gracia para producir el cambio. La gracia es la aprobación de Dios, y la provisión plena es el resultado. No tiene que pedirla; ese es el paquete.

Veamos algunas observaciones acerca de este intercambio con el rey:

1. El rey nunca cuestionó las motivaciones de Nehemías. La atención fiel a los detalles rutinarios de la vida, incluso cuando usted ha nacido para transformar, crea un vínculo de confianza. La rutina de servicio de Nehemías a un rey pagano — asegurando que el vino y el alimento no estuvieran envenenados, anunciando en ocasiones formales la presencia del rey, siempre en segundo plano — fue la base para uno de los momentos definitivos en la historia. Dios había formado a Nehemías desde el vientre de su madre con un propósito: el de suscitar un cambio transformacional en Jerusalén y en su pueblo. Aunque su constitución mental y emocional estaba equipada para realizar este solo

propósito, vivió en la oscuridad relativa de ser un catador de vino, aparentemente atrapado en la rutina diaria de un cargo en el que no tenía desafíos. Su vida y carácter habían sido moldeados por Dios para el reto y la confrontación a los que todos los líderes transformacionales se enfrentan, pero el contexto de su vida en Susa fue de servicio, rutina y relativa oscuridad. Los hombres y mujeres fieles son siempre candidatos para recibir la promoción de Dios. Recuerde cultivar la fe en su vida.

2. Nehemías no podía contener las cargas de su corazón por el remanente en Jerusalén y estaba dispuesto a cruzar la línea de protocolo y arriesgar su vida. Y no se equivoque, el liderazgo de corazón es lo que da origen a la transformación en organizaciones, ciudades y naciones. No hubo necesidad de disculpas en la situación de Nehemías, ni tampoco son necesarias para nosotros. El liderazgo de corazón está dispuesto a arriesgarlo todo para poner en práctica las soluciones apropiadas. Dios habilitó a Nehemías para que viera claramente lo que Dios estaba viendo.

3. Nehemías estuvo escondido en relativa oscuridad, desperdiciado en una rutina cotidiana, sin la plataforma para hacer lo que él sabía que Dios le había asignado hacer. La oscuridad no es indicadora de fracaso o castigo, pero puede ser el indicador de un proceso que forma parte del desarrollo del carácter.

Dios Promueve A La Gente Fiel

Dios promueve a la gente fiel, y Nehemías es otro entre los muchos ejemplos que Dios nos ha dado en las Escrituras.

Por lo general, la promoción proviene de la rutina cotidiana de la vida. La rutina es siempre el lugar más difícil para un líder. Sin embargo, si usted se promueve a sí mismo, tendrá que buscar su propia provisión, mantener su propia imagen y convencer a otros de su autoridad. Si usted lo hace, usted lo mantiene — y mantener su propia imagen por largo tiempo es una posibilidad desafiante. Si usted espera a que Dios lo promueva, la provisión le aguarda. Es Él quien mantiene su imagen, porque esta es un reflejo de Su imagen y usted llevará a cabo las tareas asignadas bajo la autoridad de Él, no con su propia autoridad. Nehemías compendió este principio.

La pregunta del rey, "*¿Qué quieres que haga?*" (Nehemías 2:4) dio lugar a una respuesta que ilustra varios principios importantes de líderes del tipo transformador.

1. Nehemías hizo mucho más que simplemente ayunar, orar y llorar durante esos cuatro meses. El recibió ideas y una estrategia para resolver el problema. Todas las estrategias necesitan recursos; como un buen general, desarrolló un plan para lograr esos recursos. **Tuvo una respuesta para la pregunta antes de que la pregunta fuera formulada.**

2. Nehemías entendió la importancia de ser "enviado" o "autorizado" por la autoridad gobernante. La clase de transformación que Dios quiere que llevemos a las naciones no es la que nace de una conducta sediciosa. Observo que hombres y mujeres fieles que son ungidos para producir esta clase de resultado experimentan esta autorización de manera similar. Esa autorización típicamente vendrá en la forma de una invitación o del reconocimiento de la unción

para realizar una tarea. En la vida del Reino, la autoridad en los negocios, en el gobierno, en el ministerio o en cualquier otra esfera de la sociedad, se delega, no se asume — se recibe, no se toma. **Usted no pelea por la autoridad, no demanda que se la den, ni manipula para conseguirla.**

3. Para que Nehemías fuera eficiente, necesitaba una autorización escrita y una comisión dada por el rey. Inclusive esos gobernantes que eran hostiles a los judíos y al deseo de Nehemías de ayudarlos, reconocieron la comisión del rey, el poder que encerraba y la penalidad por violarla. **Su comisión será reconocida a regañadientes por quienes entienden lo que es autoridad.**

4. El viaje de mil cuatrocientos cincuenta kilómetros (900 millas) atravesaba territorios sin ley. El rey envió un séquito militar con su fiel siervo. El envío de este séquito representaba un gasto considerable para el rey, pero era parte de la provisión de Dios para Su emisario. Me pregunto, de haber sido Nehemías un siervo que constantemente se quejaba de las condiciones de trabajo (o de los dioses paganos que formaban parte de la vida en Persia), si el rey habría sido tan generoso con su siervo. **La recompensa del servicio fiel es mucho más evidente en momentos estratégicos.**

EL REINO ES CONTRACULTURAL

Los propósitos de Dios normalmente son contrarios a la cultura reinante. Por consiguiente, la oposición es segura. ¡El Reino de Dios siempre ha sido contracultural! Gente como Nehemías es la que eleva el modelo de justicia, de integridad y de honor en medio de la corrupción y la injusticia. Acomodación a una cultura impía — ya se trate de una cultura empresarial, gubernamental, ministerial o de una nación nos hace impotentes e ineficientes. Los deseos de Dios de bienestar del pueblo y para el establecimiento de Su Reino siempre presentarán un reto para los "sistemas" existentes del día en ciudades y naciones. Estos sistemas tienen la ilusión de estar establecidos, ser poderosos, intimidantes y prósperos. No obstante, estos "sistemas" son secundarios en categoría para los propósitos de Dios. Parecen ser poderosos, pero solamente Él es El Todopoderoso. Esos sistemas parecen establecidos e imposibles de desafiar, pero son como el polvo arrastrado por el viento según los propósitos y tiempo de Dios. Ese proceso comienza con alguien dispuesto a aceptar el riesgo.

EL CARÁCTER CALIFICA

Los hombres o mujeres que llenan las calificaciones de Dios para esta clase de liderazgo llevan un manto sobre sus vidas. Entender cómo funciona ese manto es esencial para el proceso de cambio. En primer lugar, el manto tiene que ser aceptado. Nehemías tuvo que aceptar lo que Dios le estaba ofreciendo, no para que pudiera crear sus credenciales, sino para que él se constituyera en la solución para un pueblo. Dios da el manto a base de Sus perfiles, no de los nuestros. Tal parece que Él usa a las personas más improbables, menos calificadas para realizar cosas tan grandes. Mi observación a través del tiempo indicaría que hay ciertas calificaciones altas en la lista de perfiles de Dios. Él parece poner énfasis en el carácter y la integridad. No les confiará Sus propósitos a personas que carecen de integridad en cualquier área. Veamos algunas de las claves:

83

•**Humildad** — El verdadero poder para producir un cambio comienza con estar de acuerdo con esta realidad conocida: no podemos hacer nada, mientras que Él lo puede todo.

•**Autoridad** — Saber cómo estar de pie con la autoridad dada por Dios y cómo ejercerla para cumplir Sus propósitos, no los nuestros.

•**Carácter** — El carácter es el cáliz que contiene la unción, que es la atribución del poder de Dios. La gente es atraída por regalos. La unción de Dios es atraída por el carácter.

Hay que tener la disposición para aceptar el riesgo que conlleva el manto. El riesgo es la posibilidad de que los que están a su alrededor lo consideren un tonto, porque dejará la comodidad y la seguridad que disfruta para cumplir la tarea. En algunos casos, el riesgo puede ser la pérdida de la vida, pero en última instancia, no hay otra manera aceptable sino rendirse a los propósitos de Dios. Esta fue la elección de Nehemías en ese momento específico.

Oscuridad

Los líderes que son agentes de transformación a menudo parecen emerger a su "lugar" desde una posición de oscuridad. Dios a menudo eleva a los que están escondidos. Por lo tanto, oscuridad no es castigo de Dios, pero puede que sea Su provisión o Su posicionamiento. Fueron todos esos años de fiel servicio al rey los que crearon las bases para el comentario abierto del rey, "¿Qué quieres que haga?". No me imagino a Dios usando a un hombre como Nehemías si este hubiera estado siempre quejándose del liderazgo que su empleador ejercía sobre

Persia. Es improbable que Dios hubiera usado a Nehemías de forma tan impresionante si, durante el tiempo de su servicio al rey, se hubiera estado quejando del mal pago o uniéndose a otros para hablar negativamente acerca de su empleador.

Quienes tienen actitudes subversivas o negativas ya sea en los negocios, el ministerio o el gobierno siempre buscan la compañía de los que tienen la misma actitud. Son muchos más los que sienten que deben señalar los defectos del liderazgo, que los que presentan soluciones innovadoras. Gente como Nehemías está orientada a las soluciones. Cuando usted está en el lugar de oscuridad, acostúmbrese a procurar la compañía de personas que buscan soluciones, no defectos. Es un hábito que pagará dividendos a lo largo de la vida.

Invitación, Favor, Implementación

El verdadero cambio transformacional ya sea en el gobierno, en los negocios, en el ministerio o en su vida personal, nunca se logra presumiendo que es la dirección de Dios. No ocurre cuando la ambición egoísta y la ganancia personal son los factores predominantes de la motivación. Como tantas otras cosas en el Reino, llega por invitación.

Primero llega la invitación de Dios para participar con Él en Su plan estratégico. Segundo, es una invitación o afirmación de quienes están en posiciones de influencia. Tercero, es el favor de Dios el que produce la revelación necesaria para cumplir la tarea. El favor es una fuerza suprema mediante el cual los embajadores de Dios son movidos a posiciones para la implementación de Su plan. Aun así, el favor es el instrumento de promoción de Dios menos reconocido.

Las Tentaciones Del Copero

Por ser el copero del más poderoso rey de su tiempo, Nehemías era un siervo de confianza, con acceso frecuente al rey. La intriga es la atmósfera de todo líder en este ámbito. La función de Nehemías como copero, supervisando la preparación de los alimentos del rey para certificar que no contenían veneno, y bebiendo el vino preparado para el rey, era para garantizar su seguridad. En resumen, velaba por el rey y su familia. Probablemente un hombre en este cargo era bien pagado por sus servicios y, por lo tanto, posiblemente vivía una vida cómoda. Debió haber sido fiel a la tarea encomendada, y demostraba atención y preocupación por el rey y su familia.

En su cargo de copero, es posible que disfrutara de alguna visibilidad en el imperio persa debido a la función de anunciar la llegada del rey cuando este se hacía presente en acontecimientos formales. Nehemías estaba presente en las grandes reuniones de los consejeros del rey, donde se tomarían decisiones que impactaban al reino de Persia y a sus súbditos. Se trataba de un cargo prominente que demandaba fidelidad, compromiso y el más alto nivel de integridad. Nehemías debió haber sido un hombre de gran carácter para rechazar sobornos que inevitablemente le ofrecerían quienes deseaban influir en decisiones pendientes o los que tenían propósitos malignos contra el rey y su familia.

Designación Para La Activación

Generalmente hay un período de tiempo que transcurre entre aceptar la comisión de Dios para cumplir una tarea, y la activación. Cuatro meses transcurrieron después de que Nehemías aceptara la designación de Dios para reconstruir la muralla y establecer el orden cultural, con base en el Torá. Isaías 49:2 dice:

> *Hizo de Mi boca una espada afilada, y me escondió en la sombra de Su mano; me convirtió en una flecha pulida, y me escondió en Su aljaba.*

El período entre la aceptación de la comisión y la activación de esta es usualmente un tiempo de revelación y de ideas estratégicas. Durante estos cuatro meses de ayuno y oración, Dios le estaba revelando a Nehemías Su plan estratégico, no solo para reconstruir las murallas derribadas por espacio de ciento cuarenta y dos años, sino también para restablecer las fundaciones de una cultura perdida en la opresión y el caos.

Un Análisis Profundo Con Una Idea Profética

Hay un punto clave que a menudo se pasa por alto en las etapas iniciales de todo este proceso, y se encuentra en Nehemías 2:16:

> *Los gobernadores no supieron a dónde fui ni qué hice, porque hasta entonces no había dicho nada a ningún judío: ni a los sacerdotes, ni a los nobles, ni a los gobernadores ni a los que estaban trabajando en la obra.*

Cuando Nehemías llegó a Jerusalén con su séquito y sus provisiones, quedó de manifiesto que en este orden de cosas lo primero era una profunda evaluación en oración, de las condiciones existentes. No solicitó las opiniones de los demás, sino que silenciosamente fue haciendo su evaluación. Nehemías fue enviado para cambiar el estado de las cosas, y ese cambio se produciría con visión, sabiduría y unción proféticas.

Gente como Nehemías no carece de estos tres elementos disponibles para ellos, porque son las herramientas para su estilo de liderazgo. Uno de los elementos más desafiantes de esta clase de liderazgo es la darse cuenta de que hay un flujo constante de la fuente de la sabiduría que Dios ha puesto a su disposición para resolver cada problema. Hay que beber de esa fuente regularmente para reconstruir las murallas, y es constantemente reabastecida con una visión fresca. En las etapas formativas, las opiniones de otros pueden a veces distraer de la opinión del Único.

Considero significativo que Nehemías no se dirigiera inmediatamente al Templo en busca de la bendición de los sacerdotes y levitas. No se dirigió a los funcionarios que quedaron en Jerusalén para solicitarles su aprobación. No fue a los nobles para tratar de recolectar fondos para el trabajo. No les pidió a los sacerdotes cinco minutos durante el culto del sábado para anunciar que intentaba salvar a sus familias y a sus hijos. Después de tres días de análisis profundo y planificación en oración, los llamó a todos y al mismo tiempo les contó acerca de la mano de Dios en el trabajo y de la autorización gubernamental de parte del rey. Después de esto, los comprometió en el trabajo.

Es esencial llevar la designación de Dios. Es necesario hacer un análisis profundo en oración de las condiciones existentes. Es indispensable para el éxito extraer de la fuente de la sabiduría de Dios. Gente como Nehemías debe también tener la valentía suficiente para articular la visión con autoridad. Es aquí donde la unción de Dios realiza Su poderosa obra a través de usted. Sin esta unción, usted carece de poder y eficiencia.

Con Su unción, usted movilizará a ejércitos enteros para la causa de Dios. Al igual que Nehemías, podrá comunicar propósito y esperanza gracias a Su unción.

Capítulo 4

Embajadores del Orden Divino

Entonces el sumo sacerdote Eliasib y sus compañeros los sacerdotes trabajaron en la reconstrucción de la Puerta de las Ovejas. La repararon y la colocaron en su lugar.

Nehemías 3:1

Gente como Nehemías es embajadora del orden divino y del cambio dinámico que establece lo que no existe. Así como el embajador de cualquier nación representa a su gobierno y al jefe de estado, Gente como Nehemías es embajadora del gobierno al que sirve (el Reino de Dios) y habla en nombre del Jefe de Estado (el Señor y Rey). La vida como embajador significa que usted continuamente representa los intereses de su gobierno y de su jefe de estado y no los suyos. Los embajadores calificados también entienden la autoridad que tienen para hablar en nombre de su gobierno y que esta autoridad puede aplicarse con todo el peso de su gobierno.

Las Designaciones De Dios Amplían Su Visión

La reconstrucción de las murallas de Jerusalén se inició bajo el liderazgo de un hombre que no tenía nada en sus calificaciones que indicara su capacidad, excepto la designación de Dios. Sin embargo, ese solo elemento en sus calificaciones produce la disponibilidad de sabiduría supernatural y percepción excepcional. La designación de Dios le da una perspectiva mayor de los asuntos. Lo transforma de alguien con una vista de la situación al nivel del suelo, a alguien con una visión como de tres mil metros de altura (diez mil pies). De manera magistral, Nehemías comenzó a organizar la tarea de reconstrucción asignando a familias y grupos las responsabilidades por secciones de la muralla, cerca de sus casas o con intereses particulares. Esto fue causa de gran motivación y compromiso personal para terminar la obra, porque sus esfuerzos incluirían mayor participación familiar. En caso de ataque, las familias estarían más motivadas a defender la sección que les correspondía de la muralla.[1] Nehemías no solo recibió la estrategia total para completar la muralla, sino también algunas tácticas brillantes para implementar la estrategia.

Prioridades De Los Sacerdotes

Nehemías comienza el Capítulo 3 contándonos acerca de los sacerdotes bajo el liderazgo de Eliasib, el sumo sacerdote, y su tarea en la muralla. Un error común aquí es pensar que los sacerdotes guiaron la tarea de reconstruir las murallas, y todos los demás siguieron a los sacerdotes. Este no fue el caso, y pronto lo veremos en los capítulos posteriores. Nehemías tenía una comprensión clara de la posición y la importancia del sacerdocio en la cultura de Israel.

Los líderes comprometidos con establecer la cultura del Reino en cualquier organización, comunidad o nación deben tener la misma comprensión a fin de ser eficientes. Tal vez se trata de un acto de respeto que él colocara a los sacerdotes primero en este esfuerzo masivo de reconstrucción. Los sacerdotes no guiaron el trabajo, sino más bien se unieron a la gente bajo la dirección de

Nehemías y de los supervisores que él había nombrado. Los sacerdotes optaron por concentrar sus labores en la sección de la muralla por la Puerta de las Ovejas y al hablarnos de esto, Nehemías revela la prioridad número uno de estos sacerdotes y de todos los sacerdotes, incluso en nuestros días — el Templo del Señor.

La Puerta de las Ovejas en la muralla de Jerusalén se encontraba al lado de lo que se conoce como el Segundo Templo. La construcción de este templo había comenzado alrededor de setenta y dos años por Zorobabel el Gobernador, y Josué el Sumo Sacerdote. El Sumo Sacerdote Eliasib, mencionado en este texto, no era otro que el nieto de Josué.[2] Las ovejas del sacrificio eran llevadas a través de la Puerta de las Ovejas al estanque de Betzatá para ser lavadas y purificadas, luego las llevaban al Templo del Señor. Como Sumo Sacerdote, Eliasib, en compañía de los sacerdotes que lo asistían, era responsable del ministerio al Señor en nombre del pueblo. Fue esta responsabilidad la que generó el ímpetu para trabajar en esta sección de la muralla. Eliasib reconstruyó esa sección de la muralla y la consagró[3] (el significado hebreo es hacer santo, santificar).

El Templo del Señor, el culto del Templo y todo lo relacionado con este ministerio al Señor en nombre del pueblo, era preeminente en la mente de Eliasib y de sus compañeros sacerdotes. En cada generación esta ha sido siempre una característica de los que verdaderamente tienen un llamado sacerdotal, y hoy no es diferente.

EL ORDEN DIVINO FUERA DEL TEMPLO

Por años, el ministerio al Señor y el culto se habían llevado a cabo en el Templo en Jerusalén. Si bien había un orden divino establecido en el Templo gracias a hombres como Esdras y Eliasib, la estructura social, judicial y gubernamental, como también los sistemas de comercio tan claramente establecidos en la Ley, estaban ausentes de la cultura de Jerusalén y de Judá. Eran estos sistemas y los efectos que producían los que estaban destinados a distinguir al pueblo de Dios de todos los demás pueblos sobre la tierra y proporcionarle un sentido de dignidad. La Ley trajo libertad de la pobreza sistémica y del caos cultural.

Muchos de los habitantes de la tierra vivían en condiciones desesperadas. En su vida diaria, eran objetos de desprecio y recriminación, eran oprimidos y debían pagar grandes impuestos. En pocas palabras, la vida para la mayoría de las familias judías era una lucha por sobrevivir. El Templo estaba preparado para la gente, pero la ciudad era un desastre y la gente se encontraba en situación de supervivencia. La tarea de Nehemías era la de establecer el orden divino fuera del Templo, y la tarea para Gente como Nehemías de nuestra generación es hacer lo mismo.

La Intercesión Sacerdotal Por Naciones

No hay duda de que nuestro mundo es ciertamente diferente del de la Jerusalén de la época de Nehemías, aunque estas mismas condiciones existen en diversos grados en muchas naciones hoy en día. La mayoría de los líderes eclesiásticos tiene este profundo entendimiento del orden divino necesario dentro de las iglesias. Así como Esdras en los días de Nehemías, nuestros líderes están conscientes de la brecha entre el orden de la iglesia y sus efectos en la sociedad. Conozco a muchos que claman por las soluciones de Dios para las sociedades y los sistemas culturales que cada vez son más corruptos, intolerantes o rechazan las soluciones bíblicas para el siglo XXI. Esta es una responsabilidad que los sacerdotes de nuestros días cargan a menudo por una nación.

Hace pocos años, viajaba en avión a una nación de África central para celebrar una Conferencia de Liderazgo en el Mercado. Mientras volábamos sobre el Atlántico, tuve el privilegio de sentarme al lado de un pastor africano de esa nación que regresaba a casa después de visitar los Estados Unidos. Era la clase de hombre que podía entrar en un salón de cien personas y de inmediato ser identificado como pastor. Tenía el porte, la compasión por la gente y el comportamiento que siempre lo identificará, no importa dónde se encuentre. Hablamos por horas del Señor y de las Escrituras.

Cuando supo que me dirigía a su nación para hablar de los principios bíblicos en los negocios y el liderazgo, nuestra conversación se abrió en un nivel diferente. Finalmente dijo: "Simplemente no entiendo algunas cosas, así que tal vez usted puede ayudarme. En mi nación, hace algunos años, aprobamos una enmienda a la constitución que decía: "Nosotros, la gente de esta nación, por el presente acto hacemos un pacto con Dios de que seremos una nación cristiana". Hicimos un pacto con Dios como un pueblo, sin embargo, los líderes en negocios y en el gobierno de nuestra nación son corruptos y somos una de las naciones más pobres de la tierra. No lo entiendo". Hablaba a través de las lágrimas de un hombre que al igual que Esdras, había estado intercediendo por la nación ante el trono de Dios.

Padres y Madres En Los Negocios

Estuve en Ghana el día de preparación antes de una conferencia. Se nos asignó un africano de veintinueve años con un MBA (Maestría en Administración de Empresas) para que nos ayudara en el trabajo de la preparación. Se trataba de un joven muy inteligente, y tenía muchas preguntas. Mi amigo Ed Dawkins y yo lo invitamos a nuestra habitación para conversar acerca de su vida. Después de un rato de discusión, con ojos llenos de lágrimas expresó la frustración de un joven desesperado en busca de un mentor. Apenas comenzaba su viaje por el mundo de los negocios y quería hacerlo bien.

"¡No hay padres que les enseñen a jóvenes como yo los caminos del Señor en los negocios! O no tienen la plataforma para enseñarnos, o se guardan para sí el conocimiento de toda una vida. Cuando mueren, todo lo que han aprendido acerca de los caminos de Dios en los negocios muere con ellos, y mi generación queda condenada a cometer los mismos errores que ellos cometieron".

Las iglesias y sus líderes representan una influencia significativa en la cultura de la mayoría de las naciones. Ya sea que se trate de un culto de una iglesia hecho en secreto en una casa en Asia o de mega iglesias en América Latina, son esenciales para la fibra espiritual de una nación. Sin embargo, son muy pocas las iglesias que se ocupan de que sus líderes empresariales enseñen a jóvenes empresarios acerca de cómo tener éxito, a pesar de que las Escrituras están llenas de principios para la empresa pequeña. En general, las iglesias no animan a los hombres y mujeres temerosos de Dios en el comercio para que desde su plataforma confronten la corrupción que impedirá que las economías de ciudades y naciones florezcan. A menudo, no entienden la necesidad de animar y promover el liderazgo justo, que honra a Dios en los pasillos del gobierno, ya sea un liderazgo nombrado o elegido.

Mundialmente, la cantidad de pequeñas empresas está aumentando dramáticamente debido a la disponibilidad creciente de la tecnología, pero esta no garantiza el éxito en los negocios. Invertir en las vidas de hombres y mujeres jóvenes, que necesitan conocer los caminos de Dios en los negocios les dará muchas y grandes oportunidades de éxito.

Gran parte de la innovación en el mundo contemporáneo proviene de pequeñas empresas o compañías emprendedoras. El cielo es un almacén de innovación, y ¿quién mejor para recibirla que esos empresarios que han dedicado sus vidas para servir los propósitos de Dios? No obstante, la iglesia en gran parte los echa a un lado, excepto al tiempo de ofrendar. Mientras la mayoría de las iglesias pasa por alto este segmento de sus congregaciones, la importancia de esta función no puede negarse. El mundo necesita hombres y mujeres como Esdras, que tienen un llamado para servir como sacerdotes. Sin embargo, también necesita hombres y mujeres llamados a servir en el comercio, la educación, la medicina, los medios de comunicación y el gobierno, y cuya pasión en la vida es la amistad con Dios. Para que se realice un cambio efectivo en la cultura, se necesitará la colaboración de estos grupos que funcionen con sus dones y llamados para originar este orden divino.

Mi Observación

No pretendo conocer la estrategia de Dios para nosotros en forma global, más allá de establecer Su Reino, pero tengo una observación que deseo manifestar. Hace varios años estuve estudiando el Libro de Nehemías. Confieso que me sentí verdaderamente impresionado con esta extraordinaria hazaña de liderazgo y lo que se logró en apenas cincuenta y dos días. La reconstrucción de las murallas de Jerusalén en ese marco de tiempo, sin el beneficio de la maquinaria del siglo XXI, fue algo extraordinario. Eran alrededor de las cuatro de la madrugada y mis pensamientos giraban en torno a esto: "¡Miren esto! Esdras estuvo catorce años en Jerusalén, conduciendo oficios religiosos y todo era un desorden. Aparece Nehemías y en cincuenta y dos días reconstruye la muralla. ¡Nehemías es mi tipo de persona!". Dejé de pensar por unos momentos, cuando el Señor calmadamente me dijo: "Hijo, sin Esdras, nunca hubiera habido un Nehemías".

En ese instante entendí la visión más amplia de Jerusalén. La intercesión de Esdras ante el Dios Altísimo en nombre del pueblo durante esos catorce años había establecido la fundación para esta hazaña milagrosa de liderazgo realizada por Nehemías. Por supuesto, cualquier verdadero hombre o mujer de Dios llamado a ser pastor también es llamado a interceder. ¡Esdras oró por Nehemías incluso antes de saber su nombre! Esdras vivía en el caos descrito por Josefo y clamaba a Dios que enviara a alguien con soluciones. Este es un elemento de la tarea de transformación que a veces se pasa por alto. Cada líder tiene responsabilidades diferentes, pero cada uno de ellos es esencial para la obra en su totalidad, y ninguno puede cumplir la tarea sin el otro.

Influencia En Declive

Si creemos que la tarea realizada el lunes por la mañana en las salas del gobierno o en las calles del comercio no le interesa a Dios, entonces la influencia en declive sobre el diálogo cultural de nuestras respectivas naciones continuará a un ritmo acelerado. Si consideramos que esta clase de tarea no tiene significado para Dios, entonces no hay razón para esperar Su participación. Cuando pensamos que Dios no está comprometido con Su pueblo hay un nivel bajo de responsabilidad ante Dios. Por consiguiente, el gobierno sigue siendo ineficaz e incapaz de proporcionar la estructura, la seguridad y la justicia a la gente a la que debe servir. Cuando creemos que a Dios no le interesa la vida de lunes a sábado, el gobierno funciona sin limitaciones y de manera corrupta. Las tasas de alfabetismo siguen bajas y las tasas de desempleo altas. La misma gente "llamada" a cambiar todo esto simplemente acepta la situación "tal como es". Si los intereses de Dios solo son vigentes un día a la semana, entonces la injusticia rige la tierra, los milagros de la medicina y la innovación de la ciencia son inexistentes.

Cuando esto sucede, la percepción que tenemos sobre la mejor manera de ejercer influencia en la sociedad es la de comenzar nuevas iglesias y conducir campañas. No hay nada malo en ellas ya que ambos esfuerzos son elementos esenciales de toda sociedad bendecida por Dios, pero nuestra percepción necesita una redefinición — una definición bíblica — de lo que es sagrado, porque aún queda mucho más por hacer. Para que estas cosas cambien, debe reconocerse que la transformación verdadera no consiste en un "orden jerárquico espiritual" y en quién es más prominente en ese orden jerárquico, sino el reconocimiento de la santidad de un llamado ya sea a ser pastor o a ser un empresario como Booz, el antepasado de Jesús.

¿Por Qué Se Regocija La Gente?

Proverbios 29:2 dice: *Cuando los justos dominan, el pueblo se alegra* (RVR1977). El pueblo no se alegra porque los que dominan, los que están en autoridad hablan más de su fe antes de una elección o nombramiento. La gente no se alegra porque sus líderes tienen la oportunidad de fotografiarse con los líderes religiosos destacados del país, o por su gran carisma, o por la habilidad para pronunciar discursos inspiradores. El pueblo no se regocija por campañas con trucos publicitarios, o porque estos líderes siempre parecen decir lo adecuado en público, o son del género o del partido político adecuado.

El pueblo se alegra porque estos hombres y mujeres virtuosos son emisarios que establecen el orden divino o crean estructuras que atraen la bendición de Dios, independientemente de la esfera de cultura en la que han sido colocados para ejercer influencia: los negocios, la medicina, el gobierno, el ministerio o la educación. Cuando Dios establece Su orden divino por medio de Gente como Nehemías, el derivado será la bendición de Dios, la protección, la provisión, la justicia y la libertad de la opresión y la dominación para el pueblo bajo su liderazgo. Así fue en el tiempo de Nehemías, y sigue siéndolo hoy.

No Todos Aceptan El Cambio

No todos los judíos aceptaron con entusiasmo el liderazgo de Nehemías y los cambios que propuso al orden establecido. La versión de la Biblia Dios Habla Hoy traduce así Nehemías 3:5:

> *La reparación del siguiente tramo la hicieron los de Tecoa, aunque sus hombres importantes no quisieron ayudar a sus dirigentes.*

En Tecoa había nacido Amós, el profeta, y se encontraba a unos pocos kilómetros de Jerusalén. Aunque muchos de los residentes de la ciudad trabajaron en la obra, Nehemías minuciosamente tomó nota de que los hombres importantes, los nobles y líderes, no se unieron al esfuerzo. No solo eso, sino que se rehusaron a someterse a la supervisión de los nombrados para dirigir la obra: una obra que obviamente llevaba el sello de Dios.[4]

El rechazo podría resumirse posiblemente con tres explicaciones. Primero, habían vivido cómodamente como nobles y probablemente contribuyeron a la opresión de sus paisanos — carecían de ese sentido de responsabilidad hacia su comunidad. Segundo, es posible que temieran a algunas de las represalias de Sambalat — miedo de sufrir pérdidas a manos de las autoridades. Tercero, cambiar el orden establecido les crearía incertidumbres económicas, ya que ellos tenían un punto de vista egoísta y gozaban de su prosperidad en el "ahora".

Nehemías trajo cambios sistémicos a la cultura de Jerusalén y de Judá. La regla número uno es que no todos aceptan el cambio, y mucho menos los que tienen más que perder. Cuando Dios nos da más revelación de Su Reino en nuestros días, es crítico que entendamos que Su Reino es de naturaleza contracultural. El Reino siempre será un reto para las normas culturales reinantes del día. Sin embargo, Dios todavía usa a hombres y mujeres para establecer Su Reino y el cambio sistémico que este trae en cada generación. Ese cambio sistémico está sucediendo ahora, y Gente como Nehemías son los agentes de ese cambio.

EL CAMBIO SISTÉMICO

En Septiembre del 2008 nuestro mundo experimentó un punto decisivo. La economía global cambió, las alianzas de gobiernos se desplazaron y una deuda nacional aplastante dio origen a una cadena de deudas incobrables para gobiernos y negocios que lanzó al mundo a un caos económico global, y creó ansiedad en todas partes. Todavía estamos sufriendo hoy algunos efectos de esa crisis.

En Julio de 2008, en un tiempo de oración temprano en la mañana, el Señor me dio dos palabras: "cambio sistémico". Esa frase era nueva para mí, así que comencé a preguntarle al Señor qué significaba. (He aprendido que hacerle preguntas al Señor nos da más información que cuando hacemos declaraciones). Durante las semanas siguientes, dos cosas me quedaron claras: 1) El cambio verdadero iba a ocurrir. 2) Comencé a entender el significado de cambio sistémico: perteneciente o relativo a la totalidad de un sistema.[5]

Para que ocurra el cambio sistémico deben existir ciertas condiciones. Si usted no reconoce las condiciones, se perderá en la desesperación del momento. Las condiciones crean la atmósfera para que Dios instituya el cambio sistémico — el cambio del Reino es siempre por naturaleza sistémico.

Dios está comenzando a establecer un nuevo liderazgo y es importante entender el proceso, porque el cambio es inevitable. La manera en que funcionan las esferas de la cultura está cambiando, y si se trata de un negocio, un gobierno, un ministerio, una nación o en la esfera mundial, el cambio llegará. Estas son las condiciones:

1. **Crisis**: Debe haber una crisis de cierta magnitud. Si todo funciona bien y todos prosperan, no hay necesidad de cambiar nada. La crisis paraliza a la mayoría, aunque se convierte en un punto de activación para la Gente como Nehemías. El remanente en Jerusalén estaba sufriendo una crisis a gran escala.

2. **Incertidumbre Del Orden Establecido**: La confianza en el futuro se ve sacudida. La esperanza de un mañana mejor es reemplazada por la ansiedad y la incertidumbre. El liderazgo decidido y fuerte no se ve por ninguna parte. En Jerusalén, ciento cuarenta y dos años de opresión y dominación crearon una atmósfera de desesperación e incertidumbre.

3. **Fracaso De Los Sistemas**: Los sistemas existentes ya no manejan eficazmente las condiciones actuales. Todos los diversos elementos de la esfera de la cultura funcionan con sistemas, pero la crisis sofoca los sistemas existentes. El remanente del pueblo de Dios en Jerusalén estaba dominado por los sistemas gubernamentales de su conquistador y estos produjeron opresión y dominación.

4. **Descontento General**: Los líderes que se preocupan por preservar el orden existente nunca navegarán eficazmente en los desafíos de la nueva temporada. El liderazgo ineficaz y miope produce un santo descontento y un clamor. Este fue el caso del pueblo de Dios en Jerusalén.

La Crisis Es La Incubadora De Nuevo Liderazgo

En Jerusalén, estas cuatro condiciones se entrecruzaron con el tiempo y el propósito de Dios, y cuando Nehemías llegó, el resultado fue el cambio sistémico. Para que Gente como Nehemías sea eficiente, la naturaleza de cualquier crisis tiene que verse desde la perspectiva de Dios. Dios nunca está en estado de crisis. Siempre está en Su plan estratégico global. Nunca reacciona; Él inicia. Sus embajadores tienen que ver la crisis desde esa perspectiva, ya sea una crisis personal, organizacional o nacional. La crisis, cualquiera sea su nivel, es incómoda, pero la crisis se convierte en la incubadora de nuevos líderes que han sido moldeados para originar cambio. La crisis coloca a los embajadores de Dios en el lugar necesario para que ejerzan mayor influencia en el diálogo cultural que se realiza en las diversas esferas de la sociedad, de las ciudades, naciones y del mundo. Gente como Nehemías emerge de la crisis, y nace para días de cambio sistémico. No pierda el momento de su crisis dejando que se consuma en el caos, ¡porque desde ese caos usted encontrará su destino!

Capítulo 5

La Oposición

Cuando Sambalat se enteró de que estábamos reconstruyendo la muralla, se disgustó muchísimo y se burló de los judíos. Ante sus compañeros y el ejército de Samaria dijo: "¿Qué están haciendo estos miserables judíos? ¿Creen que se les va a dejar que reconstruyan y que vuelvan a ofrecer sacrificios? ¿Piensan acaso terminar en un solo día? ¿Cómo creen que, de esas piedras quemadas, de esos escombros, van a hacer algo nuevo?" Y Tobías el amonita, que estaba junto a él, añadió: "¡Hasta una zorra, si se sube a ese montón de piedras, lo echa abajo!"

Nehemías 4:1-3

La aprobación de Dios siempre generará oposición, no importa si se trata de un acuerdo comercial, un nombramiento del gobierno, una tarea ministerial, un cargo electoral, un liderazgo escolar o comenzar una iglesia, enviar a un misionero, dirigir un ejército o construir una muralla — nada de lo que tenga Su aprobación queda sin oposición. La oposición llega de formas diferentes, pero siempre llega. La respuesta de los que tienen esta aprobación es un elemento clave para el éxito de la tarea. La respuesta revelará la entereza de carácter y los años de preparación y posicionamiento de aquellos que Él ha aprobado. El trabajo con el que Nehemías estaba comprometido revela oposición en una serie de diferentes niveles. También revela la clase de respuesta que podemos esperar de Gente como Nehemías que tiene la aprobación de Dios.

¿Quién Era Sambalat?

Es probable que Sambalat fuera un moabita a quien el Rey de Persia había nombrado Gobernador de Samaria.[1] Como funcionario de Persia tenía a su cargo administrar los deseos del Rey, recaudar impuestos, gobernar la provincia conquistada, etcétera. Por ser un moabita que gobernaba Samaria, sentía un desprecio natural por los judíos y su bienestar.[2] Podemos entrever este desprecio en la respuesta que da a la llegada de Nehemías a Jerusalén:

Pero, al oír que alguien había llegado a ayudar a los israelitas, Sambalat el horonita y Tobías el siervo amonita se disgustaron mucho. (Nehemías 2:10)

Sambalat era un funcionario corrupto al que no le hacía feliz que alguien intentara mejorar la condición de un pueblo que había sido objeto de su desprecio. Cualquier cambio en la condición de los judíos se percibiría como una amenaza a su poder, por lo que existía el potencial de que alterara su lucrativo plan de pago. Los tiranos del mundo, aunque hayan vivido dos mil quinientos años atrás o en nuestro tiempo contemporáneo, están movidos por estas dos cosas. Debido a que Gente como Nehemías son agentes de rectitud, de verdadera justicia y libertad, ¡siempre se convierten en una amenaza para los Sambalats del mundo! No espere que el Sambalat de su mundo se convierta en su defensor, aliado o socio — eso nunca sucederá.

Como funcionario oficial nombrado por el rey conquistador, Sambalat tenía influencia con nobles, líderes y familias ricas de su jurisdicción. Hombres como Sambalat a menudo cultivan esas relaciones para avanzar sus propios programas egoístas. El texto describe una de estas reuniones de hombres y mujeres conducida por Sambalat y su aliado,

Tobías, que revela el absoluto desprecio que sentían por el pueblo judío. Esta clase de desprecio es característica de maldad, casi siempre dirigida al pobre, al marginado, al desamparado, o al justo.[3] Es la antítesis del liderazgo ejercido por Gente como Nehemías, que expresa el corazón del Padre hacia el pueblo. En estas grandes cosas, que Dios está a punto de hacer en nuestra generación, llevar el amor del Padre es un elemento esencial del "liderazgo de los últimos días" y necesita ser la norma que mida a todos los líderes. Un "espíritu paternal" será la expresión visible de la unción de Dios en hombres y mujeres.[4]

Coloca La Primera Piedra Y Comienza La Oposición

Se percatará de que, como agente de cambio transformacional, usted siempre será una amenaza para los Sambalats. Sin embargo, estas amenazas las tomarán seriamente solo cuando las murallas comiencen a levantarse. Formular la visión, explicar los conceptos, discutir las estrategias e ideas y sostener reuniones interminables para obtener el consenso de todas las partes, son cosas que siempre irritan a los Sambalats, aunque estas no constituyen la verdadera amenaza. Sin embargo, cuando usted coloca la primera piedra en el lugar para comenzar la reconstrucción del proceso, la oposición de los Sambalats del mundo pasa de la irritación a una lucha de vida o muerte, por poder y dominación. Este fue el caso de Nehemías.

Cualquier obra de naturaleza transformacional resulta más vulnerable en las etapas iniciales. Los líderes simplemente deben tener más que una clara visión del resultado. Deben ser capaces de comunicar la visión con seguridad y con la unción de Dios. No solo deben ofrecer la inspiración durante los tiempos difíciles, que siempre aparecen en las etapas iniciales, sino que deben saber también dónde termina la habilidad de ellos para afectar resultados, y dónde comienza la de Dios. Entender dónde está esa línea puede ser fundamental para el éxito. El resultado de Nehemías estaba asegurado, y el suyo lo estará también.

Etapas Iniciales De Oposición Por Las Autoridades Del Gobierno

Sambalat sabía que una Jerusalén reconstruida disminuiría su influencia en la región. Mientras la muralla se encontraba en las etapas iniciales, la oposición de Sambalat escalaba para formar una alianza con personas afines bajo la influencia de él. Reunió a los poderosos de Samaria (su jurisdicción gubernamental) y de la región circunvecina para comenzar a formar su coalición mediante una campaña de ridiculización y burlas. Las preguntas retóricas que formulaba durante esta reunión estaban cimentadas en la verdad, sin embargo, mostraban arrogancia, actitud hostil y exceso de confianza que siguen siendo las características de los que se oponen a los propósitos de Dios, así que merece la pena estudiarlos más.

Verdad: Sambalat decía que los judíos eran "débiles". En realidad, desde su perspectiva, eran indefensos, ya que no tenían representación ante el gobierno y, de hecho, eran víctimas de un gobierno opresivo. Eran ciertamente débiles, que fue exactamente la razón para que Dios enviara a Nehemías a establecer un cambio. Los judíos habían estado viviendo un estilo de vida de subsistencia por generaciones, pero Nehemías les trajo las soluciones de Dios.

Gente como Nehemías está preparada para entregar soluciones inspiradas para asuntos complejos. No anima a la gente a soportar el caos de la situación existente. Esta gente nació para establecer lo que no existe, para restaurar lo quebrantado y olvidado e invitar a la gente a recordar a su Dios. Mientras el pueblo, en efecto, pareciera "débil e indefenso", la designación de uno de los emisarios de Dios producirá en último término un cambio sistémico. No importa cuán abrumadora sea la tarea, independientemente de lo indefenso que pueda sentirse, de acuerdo con el apóstol Pablo, es precisamente su inhabilidad para crear el resultado deseado lo que lo posicionará para lograr lo imposible (2 Corintios 12:10). Montañas culturales imposibles se han convertido en llanos para Gente como Nehemías.

La Ilusión Del Arrogante: La burla de Sambalat revelaba su arrogancia, y los líderes arrogantes por lo general se rodean de personas que acomoden esa arrogancia. Crean una cultura de ilusión a su alrededor en la que la evaluación sincera es imposible. Si bien el fracaso se asoma en el horizonte, nadie lo ve porque la ilusión del arrogante exagera la percepción de su habilidad para influenciar en la gente y en las situaciones.

Por otra parte, Nehemías sabía que su habilidad para ejercer influencia sobre acontecimientos y el pueblo de Jerusalén dependía únicamente de la intervención de Dios. Los años de vigilancia divina y cuidadosa preparación habían moldeado su carácter con humildad, que es un requisito absoluto para Gente como Nehemías. La humildad delante de Dios y del hombre es una expresión de nuestro convenio con esa realidad. Esa visión esencial de la realidad significa que Gente como Nehemías dirige con una humildad que está fundida en su carácter a través del proceso de desarrollo de Dios. Confía en el conocimiento de la autoridad y propósitos de Dios, aunque dolorosamente está consciente de que un mayor fracaso aguarda sin Su mano soberana. La arrogancia no tiene cabida en el liderazgo de Gente como Nehemías.

Actitud Desafiante: Sambalat formula la pregunta retórica: "*¿...vuelvan a ofrecer sacrificios?*". Burlonamente le insinuaba a esta asamblea que estos judíos eran insensatos si pensaban que, ofreciendo sacrificios y oraciones a su Dios, podrían reconstruir la muralla que había estado derribada por generaciones. Como gobernador de Samaria que era, estaba muy consciente del Dios de los judíos. Los hombres impíos con poder, riqueza e influencia son propensos a tener una visión distorsionada de la realidad. No veía, y, de hecho, no podía ver la mano de Dios en esta obra debido a su propia perspectiva egoísta. Sambalat creía que podía controlar los acontecimientos. Cuando usted se rebela contra los propósitos de Dios y se opone a Sus líderes, se opone también a Sus decisiones y a Sus selecciones. Ni Dios ni su emisario Nehemías, pasaron por alto la rebeldía de Sambalat.

Excesiva Confianza: Sambalat continuaba manifestando su oposición cuando dijo: *¿Cómo creen que de esas piedras quemadas, de esos escombros, va a hacer algo nuevo?*. Sambalat y los de su coalición suponían que la riqueza y la posición política les aseguraban sus resultados preferidos. Esta idea los insensibilizaba de la realidad de que se estaban oponiendo a Dios, no al hombre. Sin embargo, en el mismo momento en que denigraban de los judíos, las murallas estaban siendo reconstruidas, piedra sobre piedra. A medida que se colocaba cada piedra, la influencia de Sambalat disminuía. Los líderes con excesiva confianza distorsionan los hechos. En realidad, arqueólogos han descubierto que la muralla de Nehemías (la misma muralla de la que Sambalat y sus amigos se burlaron, la muralla construida por esos "judíos débiles") ¡tenía, en efecto 2.75 metros (nueve pies) de espesor![5] La excesiva confianza en un indicador de fracaso.

Dios evalúa exhaustivamente a Sus líderes a lo largo de años de prueba, de carácter y de sus selecciones. Es un largo y minucioso proceso por el que todos debemos pasar antes de poder representarlo a Él como Sus embajadores. Ese proceso, en última instancia, produce en nosotros la correcta visión de la realidad — es Él quien ejerce la influencia sobre los acontecimientos, y nosotros somos Sus servidores y representantes.

EL RETO SUBESTIMADO

Al principio Sambalat y sus colegas no tomaron en serio a este nuevo líder en escena. No entendían la unción que poseía. Subestimaron sus capacidades y se sobrevaloraron ellos mismos. Una historia de ciento cuarenta y dos años de opresión, corrupción y de orden establecido respaldaba sus opiniones y los aislaba de las dificultades de la vida que experimentaban aquellos que se suponía debían gobernar. El pasado y el presente confirmaban la perspectiva de ellos con lo que estaba sucediendo. Sambalat y su coalición simplemente no entendieron que las cosas estaban a punto de cambiar. Sambalat creyó que esta coalición de nobles influyentes con ideas afines, que sentían un desprecio colectivo hacia los judíos, podría aplicar las tácticas tradicionales de amenazas e intimidación para que el miedo a las represalias se creara en los obreros judíos y detener de esta manera el trabajo.

LAS COALICIONES

La coalición de Sambalat la conformaba gente que se oponía a lo que él se oponía. Las coaliciones de esta naturaleza por lo general presentan varias de las características siguientes:

1. Atraen gente de actitud negativa
2. Son frágiles por naturaleza, con una vida muy corta
3. Liderazgo con ira, condescendiente, presumido y movido por sus propios intereses
4. Muestran un bajo nivel de compromiso
5. De visión miope, con efectividad limitada
6. Hacen énfasis en estar en "contra", no a "favor"

La coalición de Nehemías la conformaba gente que estaba de acuerdo con lo que él estaba. ¡Quería la muralla construida para proteger al pueblo! Estas coaliciones también presentan ciertas características como las siguientes:

1. Atraen gente que desea el cambio positivo
2. Sólidas por naturaleza, con una visión a largo plazo
3. Humildes, sin embargo, valientes en el liderazgo, confiados en el propósito de Dios
4. Muestran un alto nivel de compromiso
5. Visión a largo plazo, sostenible, para el cambio (¡todavía hoy, transcurridos dos mil quinientos años seguimos hablando de la muralla de Nehemías!)
6. Hacen énfasis en estar a "favor" no en "contra"

Gente como Nehemías es emisaria de un cambio positivo. Un elemento clave en esta lucha con Sambalat fue que Nehemías entendió cuál era su posición y su responsabilidad ante Dios y el pueblo. Tenía la confianza en Su respaldo y en la autoridad que ese respaldo le daba. Por último, la obra de transformación será realizada por estos tipos de coaliciones. Es demasiado grande para un hombre, pero Gente como Nehemías edifica coaliciones. ¡Construya las coaliciones correctas!

La Respuesta De Nehemías A La Amenaza

A medida que el trabajo continuaba, subía también el nivel de amenazas. La respuesta adecuada de Nehemías fue simple:

Oramos entonces a nuestro Dios y decidimos montar guardia día y noche para defendernos de ellos. (Nehemías 4:9)

Aunque tomó muy en serio la amenaza, no detuvo el trabajo de la muralla. Tomó las medidas espirituales y naturales adecuadas — Nehemías las refirió primero a Dios, ya que este era, después de todo, Su plan. En segundo lugar, se aseguró de que los trabajadores se armaran y se mantuvieran vigilantes mientras colocaban piedra sobre piedra. La oposición no detuvo el trabajo de la muralla, ni tampoco se convirtió en el foco central. Nehemías se mantuvo centrado en la tarea que había aceptado ese día en las calles de Susa.

Dios invierte sabiduría y entendimiento en aquellos que se comprometen con Sus estrategias. Nada de esto le faltará a usted. El liderazgo estratégico de Nehemías se comprueba aquí:

Así que puse a la gente por familias, con sus espadas, arcos y lanzas, detrás de las murallas, en los lugares más vulnerables y desguarnecidos. (Nehemías 4:13)

Ante la amenaza de ataque, la gente luchará hasta la muerte por sus familias. Esa clase de respuesta no se aplicaría a una muralla. Esta clase de liderazgo es el de un hombre con el oficio de "copero" en sus credenciales. Lo que podemos observar aquí es la sabiduría de Dios que trabaja a través de Su emisario. Las credenciales de carácter siempre reemplazan aquellas llenas de habilidades cuando se trata de nombramientos de Dios.

Oposición Interna

El compromiso de Nehemías en esta lucha de vida y muerte dejó en claro los frentes de combate con Sambalat y sus aliados. Es fácil desarrollar una estrategia cuando el enemigo está decidido a destruirlo a usted. Es más difícil tratar la oposición cuando esta proviene de adentro, de sus propios rangos, de aquellos a los que usted está tratando de conducir a una nueva fase: sus amigos, su familia o sus colegas. Cuando la oposición surge de adentro, sus voces por lo general se mezclan con timidez o miedo de reprimenda, o en el caso de familiares o amigos íntimos, simplemente se rehúsan a creer en su liderazgo precisamente debido a la familiaridad.

Cualquier persona que tenga un llamado como el de Nehemías tiene que tratar con esta clase de oposición en algún momento. La respuesta apropiada es mantener el enfoque en la construcción de la muralla y no en las voces de aliados asustadizos o incrédulos. En la tarea de transformación, nunca convencerá al tímido ni al incrédulo porque, en el mejor de los casos, su trabajo lo hará con reticencia. Aunque merecen su respeto, honor y amor, le quita a usted energía, tiempo y recursos.

Si bien había un equipo de dedicados constructores de la muralla que trabajaba arduamente en Jerusalén, muchos judíos vecinos de zonas aledañas a Jerusalén no estaban tan seguros de este cambio a la dinámica cultural bajo la dirección de Nehemías.

Algunos de los judíos que vivían cerca de ellos venían constantemente y nos advertían: "Los van a atacar por todos lados". Luego de examinar la situación, me levanté y dije a los nobles y gobernantes, y al resto del pueblo: "¡No les tengan miedo! Acuérdense del Señor, que es grande y temible, y peleen por sus hermanos, por sus hijos e hijas, y por sus esposas y sus hogares". (Nehemías 4:12-13)

Generaciones de lucha y angustia por la supervivencia habían debilitado sus esperanzas de un día mejor. Estos aliados tímidos e incrédulos estaban en situación de supervivencia, y con esta manera de pensar era casi imposible convencerlos de la libertad, la justicia y el orden divino que estaban a punto de establecerse en Jerusalén.

En Modo De Supervivencia

La gente que se encuentra en modo de supervivencia se concentra en lo que es inmediato y a corto plazo porque la vida así lo demanda. El mañana, la próxima semana o el mes siguiente se pierde en una neblina que no puede distinguirse porque la lucha por sobrevivir demanda que ellos, en vez de eso, se enfoquen en lo que es inmediato. Perdurar el corto plazo consume todas sus energías. La situación de supervivencia también redefine el concepto de una "existencia normal". La gente aprende a tolerar las condiciones opresivas y agotadoras de la vida porque necesitan sobrevivir. Estos judíos que esparcían un mensaje de miedo entre los trabajadores habían tolerado el sistema reinante de corrupción, opresión, esclavitud y dominación, al igual que sus vecinos.

La tarea dada a Nehemías de establecer el orden divino era un mensaje difícil para estos aliados tímidos porque cuestionaba el concepto que tenían de una "existencia normal". La opresión y la dominación habían sido su estilo "normal". La visión de un día mejor es un mensaje muy difícil de aceptar para la gente que se encuentra en situación de supervivencia, no obstante, un día mejor para el pueblo es exactamente lo que Gente como Nehemías está comisionada a establecer.

USTED DIRIGE A LOS CONSTRUCTORES DE LA MURALLA Y A LOS TÍMIDOS

Gente como Nehemías tiene la responsabilidad de guiar no solo a los que construyen la muralla, sino también a los tímidos e incrédulos. Aunque estos ayudan a distraer, no son el enemigo. Es posible que no trabajen en la muralla debido al miedo, pero como hermanos que son, deben experimentar el pleno beneficio de la muralla sin que se les juzgue.

Lo maravilloso de Gente como Nehemías de nuestra generación es que son embajadores de la soberanía de Dios. Aun cuando usted tenga que enfrentar oposición por todos lados, Dios trabajará para que Su propósito se cumpla a través de usted. Mientras Nehemías sufría toda esta oposición, Dios le decía: "Nehemías, no importa lo que estos hermanos tímidos piensen. No importa lo que Sambalat y Tobías crean o lo que estén planeando. No importa lo que los nobles o los que se ven amenazados por tu liderazgo piensen de ti. No importa si tus hermanos no entienden la visión que yo te he dado. Quiero esa muralla reconstruida, y YO te he escogido a ti para realizar la tarea". **Uno de los asuntos personales difíciles que más trabajo les cuesta superar a los líderes, es aceptar la selección de Dios de liderazgo, especialmente cuando esa selección recae sobre usted.**[6]

A medida que Gente como Nehemías pasa a ocupar posiciones de influencia en todo el mundo, es esencial recordar que el favoritismo y el liderazgo político, por exclusión, no deben tener cabida en su liderazgo. Así funciona el liderazgo terrenal que será reemplazado, pero los emisarios del Rey no pueden tolerarlo. Como observará en los capítulos que siguen, la conducta adversaria, sediciosa o la ambición egoísta de quienes se suponen deben ser aliados, necesita tratarse de manera abierta y rápida. Sin embargo, el desacuerdo franco o la timidez no descalifica a nadie para recibir los beneficios que resultan de la muralla que construye Gente como Nehemías.

Capítulo 6

Confrontar la Injusticia

Luego me sacudí el manto y afirmé: "¡Así sacuda Dios y arroje de su casa y de sus propiedades a todo el que no cumpla esta promesa! ¡Así lo sacuda Dios y lo deje sin nada!" Toda la asamblea respondió: "¡Amén!" Y alabaron al Señor, y el pueblo cumplió lo prometido.

Nehemías 5:13

Estas palabras de confrontación pronunciadas por Nehemías restablecieron una línea de plomada de responsabilidad y de justicia para Judá. No se dijeron en privado, sino en una asamblea de toda la ciudad que estaba constituida por ofendidos y ofensores. La norma de justicia usada en esta confrontación fue la Ley, cuya luz en las mentes de la gente había menguado durante los largos años de opresión y caos que habían vivido los judíos. Las realidades prácticas de la Ley con respecto a las adecuadas relaciones, el comercio, los préstamos de dinero, la responsabilidad comunitaria y el servicio habían perdido su importancia durante la larga jornada por sobrevivir. El liderazgo de Nehemías les recordó tanto a los ofendidos como a los ofensores la responsabilidad que tenían los unos para con los otros y para con Dios. Para aplicar la Ley como un principio orientador en esta confrontación, tenía que comprender la importancia de esta situación y la libertad que traería a todo el pueblo. Gente como

Nehemías aboga por la verdadera justicia, la moral y el orden divino. La confrontación en el siglo XXI puede tener un tono diferente, pero es parte esencial del liderazgo de Gente como Nehemías.

Este incidente es una de las grandes ilustraciones del contraste en el estilo, el llamado y la unción de liderazgo entre ese siglo y este. Es improbable que usted espere oír expresiones desafiantes de esta naturaleza de los labios de los que ocupan los púlpitos del mundo, semana tras semana, y nos enseñan los principios bíblicos. Los sacerdotes fueron llamados debidamente en ese momento para que confirmaran el compromiso de los nobles ante toda la ciudad. No sabemos si Esdras asistió a esa asamblea de toda la ciudad, pero si estuvo allí, es poco probable que él o los otros sacerdotes hubieran empleado palabras de confrontación como estas.

Como sabemos ahora, Esdras y Nehemías fueron partes esenciales del plan de Dios para el pueblo de Jerusalén. Mientras que ambos amaban la justicia verdadera y la Ley, la responsabilidad que tenían con la sociedad y hacia sus llamados eran diferentes como lo eran también sus estilos de liderazgo. La esencia de esta confrontación fue la de desafiar al rico y al influyente a cumplir los principios de la Ley por el bien de la comunidad. Para hacer eso, Nehemías debió conocer y reverenciar esa Ley profundamente arraigada en su alma.

LOS SISTEMAS DE CREENCIA FORMAN LA RED DE LA TOMA DE DECISIONES

Los principios bíblicos son los que forman y moldean al sistema de creencias de Gente como Nehemías. Ese sistema de creencia se convierte en la red de la toma de decisiones de su liderazgo. Su deseo dominante siempre será vivir más allá de las limitaciones estrechas de las ambiciones profesionales egoístas, la búsqueda de comodidad y seguridad, y lo común y corriente. Gente como Nehemías tiene el poder para vivir la vida en primera plana, sin temor al hombre o temor a las consecuencias de la oposición del hombre. La vida de ellos es guiada por el único temor aceptable — el temor reverente al Señor. Sus vidas están dedicadas al cumplimiento del propósito de Dios y a promover el orden de las cosas. Una vida vivida de esta manera demandará en último término entender la necesidad de confrontación con gente de influencia.

La Existencia Anormal Se Torna Normal

Imagínese por un momento que usted está en la plaza del pueblo de lo que queda de Jerusalén, hace unos mil años. Por generaciones, su familia ha luchado bajo la opresión de un gobierno conquistador poderoso, cuyos líderes no tienen ninguna consideración por el exclusivo ADN religioso de ustedes como pueblo. No hay quien abogue por usted o por sus vecinos en una cultura que es cada vez más contradictoria. No hay protección contra las bandas de merodeadores, ladrones y asesinos que casi siempre parecen disfrutar de una licencia sobreentendida cuando hay un menosprecio gubernamental por un grupo de personas en particular.

Su vida agraria como pequeño agricultor/propietario de un pequeño negocio se caracteriza por elevados impuestos que es siempre el problema de un pueblo conquistado. Su familia lleva una lucha sin fin por subsistir y vive con un sentido de desesperanza, la compañera de esta lucha. La conversación reinante entre amigos y vecinos se concentra en si estas condiciones insufribles cambiarán algún día. En todo esto, la expectativa que usted tiene del mañana es más de lo mismo, porque usted ha aceptado ese sufrimiento. La anormalidad de su existencia se ha aceptado como algo normal.

Un Hombre Nuevo En La Ciudad

Un hombre llega a su ciudad y le da a usted la visión para un día mejor. Les cuenta a todos, a usted y a sus vecinos, que Dios y el rey lo enviaron y, de pronto, la esperanza reina alrededor de su mesa familiar y en las de sus vecinos. Dice que lograrlo demandará el total compromiso de ustedes para reconstruir una muralla que los proteja a usted y a su familia de los opresores. Si bien es cierto que se trata de días llenos de esperanza, el gran esfuerzo que se requiere de ustedes es en el peor momento posible por el que atraviesa una sociedad agraria de pequeños agricultores: un tiempo de hambruna.

El trabajo es difícil, pero la camaradería, y la visión de un día mejor, bajo un liderazgo fuerte, avivan el compromiso con la tarea. Sin embargo, la euforia de esta recién encontrada esperanza se ve disminuida por la enorme presión que soporta la unidad familiar debido al intenso trabajo bajo circunstancias que amenazan la vida de parte de los opresores, que no les gusta ver lo que está sucediendo. Además, la ya escasa producción de alimentos se ve aún más reducida. Su familia está en crisis.

Explotación Del Menos Afortunado

Siempre existirán los que quieren explotar el infortunio de los demás, y ciertamente no se diferencia de los días de Nehemías. No son siempre gente mala. A veces hay ciudadanos que necesitan que se les despierte o recuerde cuáles son las verdaderas prioridades y responsabilidades en la vida. Gente como Nehemías tiene la autoridad y la responsabilidad de hacer que las personas con influencia vuelvan a la línea de plomada de una cosmovisión bíblica. No siempre es fácil hacerlo, pero sí es necesario, y ese es su propósito.

Bajo estas difíciles condiciones, la gente hipotecaba sus casas y campos a los nobles para poder comprar el grano necesario para comer, mientras otros vendían a sus hijos a los nobles para que fueran siervos y así poder sobrevivir. En esta práctica se prestaba el dinero y los hijos u otros miembros de la familia trabajaban para el acreedor hasta saldar la deuda o hasta que transcurrieran los siete años para el perdón de la deuda. Luego estaba la carga extra de los elevados impuestos del Rey de Persia. Los nobles y los ricos terratenientes sacaban grandes ganancias de la gente al prestar dinero con tasas de usura de hasta de un cuarenta por ciento: una flagrante violación de la Ley.[1]

Una Sociedad Sin Intereses

Cualquier sociedad, nación, comunidad, empresa u organización que quiera experimentar la bendición de Dios, adoptará los temas subyacentes y los principios fundamentales que se dan en las Escrituras. Estos temas y principios no solo abordan el culto y la libertad de religión, sino también la responsabilidad comunitaria, la familia, las finanzas, la economía, el gobierno adecuado, la justicia, la comunicación interpersonal, etcétera. Estos son los elementos claves de toda sociedad que opera bajo la bendición de Dios. Todas estas cosas se basan en las correctas relaciones con Dios y de los unos con los otros. Nuestro Dios hace énfasis en estos dos elementos de la relación.

Uno de los principios fundamentales establecidos para la nueva nación de Israel cuando Dios le entregó la Ley a Moisés, fue la de una sociedad libre de intereses, y cualquier deuda que se adquiriera sería solamente a corto plazo. Antes de la llegada de Nehemías, durante este período de intensa opresión, Israel había olvidado muchos de los principios fundamentales de su sociedad, cuando esta había operado bajo la bendición de Dios. La constitución de Israel fue el Torá, y allí se establecía lo siguiente:

"No le cobres intereses a tu hermano sobre el dinero, los alimentos, o cualquier otra cosa que gane intereses. Cóbrale intereses a un extranjero…"

(Deuteronomio 23:19-20)

LAS MADRES SE LEVANTAN

Si se meten con los niños, simultáneamente se meten con la leona que hay en las mujeres, y eso en sí se convierte en un estimulante para propiciar el cambio inmediato. Las Escrituras dicen:

Los hombres y las mujeres del pueblo protestaron enérgicamente contra sus hermanos judíos, pues había quienes decían: "Si contamos a nuestros hijos y a nuestras hijas, ya somos muchos. Necesitamos conseguir trigo para subsistir". Otros se quejaban: "Por conseguir trigo para no morirnos de hambre, hemos hipotecado nuestros campos, viñedos y casas". Había también quienes se quejaban: "Tuvimos que empeñar nuestros campos y viñedos para conseguir dinero prestado y así pagar el tributo al rey".

(Nehemías 5:1-4)

La gente ya había tenido suficiente y su clamor fue escuchado por el líder nombrado por Dios, Nehemías, que convocó a una asamblea del pueblo. El liderazgo de confrontación es un elemento esencial de la tarea de transformación porque sin él nos complacemos en acomodarnos a los intereses de personas o en aceptar el sistema reinante que se opone al establecimiento de los propósitos del Reino.

Gente como Nehemías tiene la clara visión de una cultura que funciona bajo la aprobación de Dios, trátese de la cultura en una corporación grande o en una pequeña empresa; si es una escuelita rural o una gran universidad; si es un gobierno nacional o una municipalidad pequeña. Los responsables de administrar esta clase de cultura son Gente como Nehemías. Los temas y principios que Dios nos dio en las Escrituras, cuando se integran en el contexto actual, se convierten en una línea de plomada del verdadero cambio. Entender los modelos de las Escrituras es esencial, porque en ellos radica la autoridad para implementar la voluntad del Señor para su generación.

LA CONFRONTACIÓN

La confrontación que ocurrió en esta asamblea de la ciudad produjo arrepentimiento, dignidad para todas las partes, un renovado entendimiento de la responsabilidad comunitaria y un sistema de rendición de cuentas. Nehemías demostró la clase de autoridad necesaria para restablecer la justicia de manera que honrara al pueblo y a Dios. Aunque esta confrontación fue una prueba importante para el liderazgo de Nehemías porque significó resolver algunos problemas reales entre sus hermanos judíos, los resultados deben haber complacido a Dios. Veamos algunos de los puntos claves que podemos sacar de esta confrontación:

- Nehemías no permitió que esta confrontación cayera en un abismo de conflicto de clases. Comprendió su papel de líder, no solo de agricultores pobres, sino también de los nobles y terratenientes ricos. Sus soluciones articularon el problema separado de personalidades y gente. Los políticos prosperan con la polarización, la distorsión y la manipulación por razones egoístas, siempre a costa del bien a largo plazo de la comunidad en su conjunto. Gente como Nehemías debe mantener el enfoque en lo que es correcto, justo y honorable para la organización y la comunidad en general. No hay lugar para políticas de distorsión, polarización o ambiciones egoístas entre Gente como Nehemías.

- Nehemías mantuvo la discusión centrada en los intereses generales de la comunidad, y no en la posición del ofensor o del ofendido. Su liderazgo demostró al rico que sus acciones no solo maltrataban a sus hermanos, sino que violaban la línea de plomada de las Escrituras. En momentos como este, Gente como Nehemías debe tener una visión clara y coherente para el camino honorable de soluciones sociales.

- Nehemías dirigió con el ejemplo. No le pidió a nadie nada que él y sus siervos ya no estuvieran haciendo. Cuando usted pronuncia una norma correcta sin que esta la aplique directamente en su vida, sus palabras se vuelven huecas y sin significado. La autoridad para efectuar el cambio real proviene de líderes que practican lo que dicen y enseñan.

- Nehemías se concentró primordialmente en las soluciones, no en las personas ni en los problemas. Gente como Nehemías nace para ofrecer soluciones innovadoras a las crisis de las comunidades, naciones, y del mundo. El Espíritu Santo es la fuente de su inspiración. Dios les posiciona para influenciar esas decisiones y les empodera para sus propósitos. Estas soluciones van siempre filtradas a través del lente de amar a Dios y amar a la gente, dentro del contexto del temor reverencial de Dios.

- Nehemías insistió en resultados mensurables y rendición de cuentas ante Dios y los hombres, con consecuencias. Gente como Nehemías establecerá justicia, paz y verdadero orden. La justicia tal vez se formule diferentemente en distintos ámbitos, pero siempre es cuantificable y responsable. Vale la pena notar que el mecanismo de responsabilidad de Nehemías incluía acertadamente la participación tanto de los sacerdotes como de los presentes.[2]

CONFRONTACIONAL PERO SIN OFENDER

Una de las funciones del liderazgo como el de Nehemías es el de confrontar la injusticia y lo incorrecto de cualquier manera que esté presente. Ya que es probable que el liderato suyo se necesite en un ámbito no religioso (aunque no siempre), no todos tendrán los mismos principios fundamentales de vida que usted tiene. Los resultados de su confrontación no siempre son inmediatos como se observa en la asamblea del pueblo de Nehemías. A veces pasan años para lograr las soluciones que Dios quiere, pero esas soluciones típicamente vendrán a través de hombres y mujeres que tienen un llamado como el de Nehemías.

Los que tienen un llamado para liderar en el gobierno tienen que confrontar con paciencia, amabilidad y con el entendimiento de que hay que formar coaliciones.

El Verdadero Cambio No Sucede En Un Solo Ciclo De Una Elección

William Wilberforce fue miembro del Parlamento Británico desde 1780 hasta 1825. En 1785 experimentó una conversión radical a Jesús y en 1787 comenzó a dirigir una campaña en el Parlamento para terminar la trata de esclavos británica. La mayor oposición a la abolición de la esclavitud en Gran Bretaña provenía de la élite política, comercial y social que pronosticaba que esta abolición traería consigo la ruina económica.[3]

Gran Bretaña estaba en el apogeo de su poder y la esclavitud era parte integral de la estructura económica y cultural del Imperio Británico. Al igual que Sambalat y sus contemporáneos, la oposición era poderosa políticamente hablando, estaba arraigada financieramente y ejercía influencia en la sociedad. En 1787 parecía una empresa sin esperanza, no obstante, fue otro ejemplo de un liderazgo nombrado por Dios que confrontaba la injusticia del momento.

La campaña de Wilberforce necesitó años para edificar con destreza coaliciones y ejercer la influencia dada por Dios para lograr lo que la mayoría de sus contemporáneos daban por imposible. El primer paso hacia la abolición de la esclavitud fue la promulgación de la Abolición de la Ley de Comercio de Esclavos de 1807. Si bien esta ley no terminó la esclavitud, detuvo el transporte comercial de esclavos en barcos mercantes británicos. Años de diligencia y de continuo esfuerzo propiciaron el primer paso hacia el fin de esta práctica injusta e impía de la esclavitud humana.

Wilberforce continuó sus esfuerzos ejerciendo su influencia hacia la total abolición de la esclavitud en el Imperio Británico, en un momento cuando la esclavitud era uno de los motores que propulsaba la economía. El Parlamento Británico promulgó la Ley de Abolición de la Esclavitud de 1833 que prohibió la esclavitud en todo el Imperio Británico. Wilberforce falleció tres días después de escuchar que la ley que él había defendido por espacio de cuarenta y tres años se había convertido en ley de todo el Imperio Británico.

En algunos casos, los resultados de la confrontación son inmediatos y contundentes como el que se desarrolló en la asamblea del pueblo de Nehemías. En otros, esta confrontación durará toda una vida, como en el caso de los esfuerzos de William Wilberforce. La transformación, como Dios la define, será transversal a la cultura prevaleciente — trátese de la cultura de una organización, de un negocio, gobierno o ministerio. Su liderazgo y sus principios no siempre serán abrazados abiertamente por quienes se encuentran en posiciones de influencia, sin embargo, hay gente honorable de influencia que busca su liderazgo. Usted debe tener una visión clara de cuál es el propósito de Dios en estas circunstancias. Esto significa que las cosas que son importantes para Dios — cosas conocidas a través de las Escrituras, del Espíritu y de la revelación — deben ser importantes también para usted.

El salmista escribió: *"La justicia y el derecho son el fundamento de Tu trono"*.[4] Por consiguiente, la justicia y el derecho deben tener la preeminencia en su toma de decisiones y en el marco dentro del cual usted se desempeña como líder. El liderazgo de confrontación, realizado por aquellos nombrados para ejercerlo, no significa que sea un liderazgo menos espiritual que el liderazgo de quienes pastorean sus iglesias. El liderazgo de Nehemías no fue menos espiritual que el de Esdras, un fiel sacerdote. Sin embargo, cada uno poseía una manera distinta de confrontar la iniquidad. En los Capítulos 9 y 10 de Esdras vemos cómo este sacerdote fiel y piadoso confrontó el pecado en Israel intercediendo primero ante el trono de Dios en nombre de Su pueblo, porque entendía las implicaciones potenciales de su pecado. Nehemías convocó a una asamblea del pueblo y llamó al pueblo a la paz, al arrepentimiento y a regresar a las normas bíblicas.

La autoridad para confrontar y producir un cambio tangible en asuntos como este se le concedió a Nehemías, y se le concede también a Gente como Nehemías. Siempre existirán los que se aprovechen de las desgracias de otros. Quienes son llamados a guiar fuera de las paredes de la iglesia, en algún momento tendrán que confrontar a la gente en temas de injusticia e iniquidad.

UN GRAN PRINCIPIO DE LIDERAZGO

Hace pocos años me encontraba en una nación centroamericana dando una conferencia en una iglesia. Tuve el gran privilegio de alojarme en casa de un exitoso líder de negocios internacional. Me preguntó si quería ir a orar a su empresa, algo que a mí me encanta hacer. Nos dirigimos al edificio ubicado en una concurrida calle del centro de la ciudad. Me llevó al comedor del personal y dijo: "Todos los días mis empleados reciben almuerzo gratis". No era un costo pequeño para su empresa, así que le pregunté por qué. Me llevó a una ventana grande desde donde podía verse la transitada calle. No había semáforos y el tráfico era un caos. Me dijo: "Mis empleados solían cruzar ese laberinto de tráfico cada vez que salían a conseguir su almuerzo. Me preocupaba la seguridad de ellos y decidí que les traería el almuerzo". Esta es una versión del siglo XXI de la respuesta de Nehemías al subsidio de alimentos del gobernador.

Jesús nos da uno de los principios más grandes de liderazgo con estas palabras:

> *"Como ustedes saben, los gobernantes de las naciones oprimen a los súbditos, y los altos oficiales abusan de su autoridad. Pero entre ustedes no debe ser así. Al contrario, el que quiera hacerse grande entre ustedes deberá ser su servidor…"* (Mateo 20:25-26)

No confundan el servicio del que Jesús habla aquí con un liderazgo débil. Nehemías exhibe tres elementos de la clase de liderazgo del que Jesús está hablando:

- La política persa autorizaba a un gobernador a recibir impuestos adicionales del pueblo como medio de sustento para él, sus siervos y su casa.[5] Por ley, Nehemías tenía este derecho, pero renunció a él para no aumentar más la carga impositiva de la gente. Dentro de nuestro contexto del siglo XXI, diríamos que esto es un ejemplo del liderazgo del Reino. El liderazgo del Reino es una expresión del corazón del Padre por el pueblo.

- El propio Nehemías trabajó en la construcción de la muralla y les pidió a todos sus siervos que lo hicieran también. Tampoco se aprovechó de la adversidad de los demás y no compró ninguna tierra de los ya muy afectados agricultores.[6]

- Gente como Nehemías no usa el don de la influencia para enriquecerse con las adversidades de los demás. Mi amigo, el doctor Charles Travis, expresó: "Todo lo que el Señor me da, lo sostengo con manos abiertas, las palmas hacia arriba".[7] Para Gente como Nehemías, la influencia que se ejerce sobre otras personas o acontecimientos no es solo un regalo, sino que conlleva una responsabilidad. No puede utilizarse mal.

- Nehemías indica que a su mesa diariamente *"se sentaban ciento cincuenta hombres, entre judíos y oficiales, sin contar a los que llegaban de países vecinos"*.[8]   Si alguien de verdad merecía el subsidio de alimentación del gobernador, ¡debió ser este hombre! Esta es hospitalidad a su más alto nivel, y la hospitalidad es un elemento importante del liderazgo del Reino.

Me siento enormemente privilegiado de tener un amigo íntimo que es embajador de su nación ante los Estados Unidos. Mi amigo me ha enseñado mucho acerca del papel de los embajadores en el gobierno y que tiene aplicación directa a nuestras funciones como embajadores del Reino. Es un hombre muy ocupado, sin embargo, tiene tiempo para la gente. Tanto él como su esposa demuestran hospitalidad al nivel más alto. Si alguien tuviera derecho a ser arrogante debido a una posición de influencia y poder, sería mi amigo, ya que se mueve en los círculos de la gente más poderosa del planeta. Con todo, él y su esposa despliegan una humildad que ha producido una cultura de dignidad y honor en su hogar, con sus empleados, y entre todos los que los conocen. No solo es un hombre de gran influencia para su nación, sino que es considerado un hombre de gran relieve entre sus colegas del cuerpo diplomático. Gente como Nehemías siempre creará una cultura de dignidad y honor a su alrededor. ¡Está en su ADN!

Capítulo 7

Difamación

La quinta vez Sambalat me envió, por medio de uno de sus siervos, el mismo mensaje en una carta abierta, que a la letra decía: "Corre el rumor entre la gente — y Guesén lo asegura — de que tú y los judíos están construyendo la muralla porque tienen planes de rebelarse. Según tal rumor, tú pretendes ser su rey, y has nombrado profetas para que te proclamen rey en Jerusalén, y se declare: "¡Tenemos rey en Judá!" Por eso, ven y hablemos de este asunto, antes de que todo esto llegue a oídos del rey". **Nehemías 6:5-7**

Las estrategias de Dios son un imán para la resistencia despiadada, sean estrategias para plantar una iglesia, enviar a un misionero, postularse para un cargo político, construir un negocio del Reino, dirigir un colegio, comandar a un ejército o levantar una familia piadosa. La oposición está más que asegurada, pero esa oposición se vuelve particularmente intensa cuando el propósito es el de cambiar la dinámica cultural existente de una organización, una ciudad, una nación o el mundo. Al igual que Gente como Nehemías, cada vez que usted promueve un cambio a la base de poder existente, o a la estructura financiera, se convierte en blanco de primera magnitud. Así fue la tarea de Nehemías.

Mientras experimentaba continua oposición a medida que diligentemente proseguía para terminar su tarea, las tácticas de los que se oponían a él cambiaron sutilmente a un enfoque en apariencia pasiva y solícita. Cuando se hizo evidente que la muralla ya se encontraba en sus etapas finales, Sambalat alteró sus tácticas. La meta que se había impuesto de asesinar a Nehemías nunca cambió, pero sí tuvo que cambiar sus tácticas. Intentó atraer a Nehemías a un lugar aislado fingiendo el deseo de reconciliarse, al tiempo que disimulaba su intención asesina.

DOS ETAPAS DE ALTA VULNERABILIDAD

Cualquier trabajo, proyecto, negocio, ministerio, tarea o destino personal tiene dos etapas en las que es más vulnerable independientemente de si lo que ha de realizar es grande o pequeño. Primeramente, su tarea es altamente vulnerable en la etapa inicial, cuando puede suspenderse fácilmente. En esta etapa aparece una tensión entre lo que usted sabe acerca de la tarea que Dios le ha dado y la percepción que tiene de sus propias capacidades. Personalmente no me he sentido cualificado para las tareas que Dios me ha dado. Y parece ser una percepción bastante común. Pero con Dios, no se trata de sus habilidades sino de Su selección para la tarea. He llegado a convencerme de que Él define "capacidad" en términos diferentes a los míos.

En la etapa inicial hay dedicación y enfoque, ambos necesarios para iniciar la tarea que Dios da. Por lo general, esto requiere que funcionemos fuera de las fronteras de la comodidad y seguridad relativas. Tal vez usted tenga una visión clara del destino, pero el camino para llegar hasta allí es incierto. El camino es una jornada de fe. Si bien usted comienza bien y con mucho entusiasmo, poco a poco se acerca a un punto de decisión. Es entonces cuando se da cuenta del gran costo de este camino en el que se ha embarcado. En el punto de decisión, los destinos de hombres y mujeres, que han estado sembrados con gran potencial como embajadores, se logran o se pierden. Por ser Gente como Nehemías, debe seguir avanzando. No importa qué tan inciertas parezcan las cosas, la oportunidad para una gran victoria queda por delante a través de la neblina del camino.

La segunda fase altamente vulnerable es cuando la tarea está a punto de completarse. En esta fase, la terminación de la obra comienza a definirse. Cuando puede ver el final, se presenta a veces la tendencia a vigilar menos y a celebrar la victoria antes de tiempo. Hay una tendencia a relajar la diligencia y la atención al detalle que atrajeron la bendición de Dios sobre sus esfuerzos en primer lugar.

Es posible que mentalmente haya comenzado a exagerar su propia importancia durante la jornada. Cuanto más se acerca a la línea de llegada de cualquier trabajo de Dios, mayor la cantidad personas que lo aplaudirán como líder. Es importante que tenga en cuenta que el sendero entre el entusiasmo de comenzar la tarea, y el gozo de terminarla es a menudo y progresivamente menos llena de admiradores. Al principio y al final de la jornada, hacia el cumplimiento de un trabajo que Dios le ha asignado, habrá aquellos que quieran colocarle el "áurea de héroe". Sin embargo, es durante esa larga jornada intermedia, por lo general llena de soledad y gran esfuerzo, donde su alma será probada. No se deje distraer por los que aplauden su trabajo y liderazgo. Dele a Dios toda la gloria.

Regresaba de América Central y de un tiempo extraordinario donde Dios me usó para tocar las vidas de muchos líderes. Fue un tiempo de destino para mí y para los asistentes y en lo personal muy estimulante. Los líderes se me acercaban y me decían: "¡Usted no se ha dado cuenta de lo que ha sucedido aquí hoy! ¡Usted ha cambiado la nación!"

De camino a casa, glorificaba a Dios mientras volaba sobre el Caribe. Y pensaba acerca de cómo iba a decirle a mi esposa y a mis hijos que iba a vender el negocio para ir de un lado a otro ¡como el Billy Graham del mercado! Desde luego, me parecía que una nueva época estaba sobre mí, y las naciones me necesitaban. Llevaba ya varias horas meditando en esto cuando escuché la voz del Señor como si estuviera sentado junto a mí. No era audible, pero sí alta y clara, y al mismo tiempo, calmada y tranquila: "Hijo, no le creas a tus propios recortes de prensa". De inmediato, volví a poner los pies en la tierra.

En un instante me percaté de muchas cosas. No se trataba de mí ni de lo especial que era, sino acerca de Dios y su deseo de llevar el mensaje liberador del Reino a la gente. No se trataba de mis mensajes, sino del hambre de la gente buscando la unción que Dios me había dado para ser su embajador en ese espacio de tiempo. Para mí, las pocas palabras que Dios me dio cambiaron mi vida y mi perspectiva.

Como líder, su vulnerabilidad crece, y de la misma manera, la vulnerabilidad de la tarea que le ha sido encomendada cuando comienza a creer las palabras de los lisonjeros en vez de glorificar al Dios que le permitió la victoria. ¡La realidad es que tal vez usted no sea el primer escogido de Dios para realizar esta tarea! Ese es un pensamiento abrumador para nosotros que somos propensos a movernos como pavos reales ansiando el papel del "héroe" ante la multitud de admiradores apostados cerca de la línea final, demandando los aplausos de los demás. Las consecuencias de esta clase de actitud en la tarea que se le ha asignado y en su destino personal son devastadoras. Gente como Nehemías no puede permitir acomodarse a ninguna de estas vulnerabilidades ya que al hacerlo descarrilará su destino. No puede acomodarse a ellas, así que debe estar consciente de sus deficiencias. ¡No le crea a sus propios recortes de prensa!

Un Hombre Inferior

Al acercarse ya a las etapas finales de esta tarea de construcción de la muralla, un hombre inferior a Nehemías, lleno de prepotencia y orgullo, habría considerado estas propuestas solícitas de Sambalat como una oportunidad para pulir su imagen de diplomático ante los ojos del pueblo y de sus enemigos. Un hombre así habría querido capitalizar las propuestas de paz de Sambalat y reunirse para fanfarronear de la victoria inminente frente a sus enemigos. El orgullo siempre distorsiona la realidad. Esa clase de hombre hubiera dejado que su ego lo condujera al asesinato, y la gran obra de transformación y avivamiento cultural nunca se hubiera logrado.

Gente como Nehemías es reflejo de la imagen de Dios ante un mundo que desesperadamente necesita de su unción. Cuando usted acepta la responsabilidad de defender por lo alto la reputación de Dios ante los ojos de aquellos a los que ha sido llamado a servir y ante hombres y mujeres de influencia, Dios mantendrá en alto la reputación de usted. No necesitará defender sus motivos ni su imagen. En el momento en que usted se preocupe de pulir su propia imagen ante los demás, asume la responsabilidad de mantener su propia imagen delante de los hombres. Llega a ser esclavo de su propia imagen; una esclavitud que en último término se vuelve una gran carga. Usted se concentra en conocer a la gente adecuada, decir las cosas adecuadas y estar en el lugar adecuado. Se enfoca siempre en usted y en cómo lucir ante los demás. El fin no es otro sino el de generar una imagen: su propia imagen.

Embajadores

Un embajador ante cualquier nación tiene un objetivo: representar honorablemente los intereses del jefe de estado, del gobierno y de su pueblo. Los embajadores son personas muy calificadas a los que se les ha concedido gran autoridad para hablar en nombre de sus líderes y gobierno. La autoridad para representar estos intereses, en nombre de su nación, la concede el jefe de estado exclusivamente. Los embajadores no son elegidos, son nombrados. Tengo varios amigos embajadores que dicen siempre lo mismo cuando se les pregunta acerca de su cargo: "Sirvo a discreción del presidente". Son servidores dignos de confianza que jamás se promueven a sí mismos, ni promueven su imagen ni sus programas personales.

Gente como Nehemías tiene la oportunidad de caminar con esa clase de autoridad de embajador como representante del Rey del Reino. Hay una naturaleza eterna en sus actitudes y sus tareas. No olvide quién es usted, de dónde vino, y quién lo trajo a esta jornada. Siempre me enriquece, personalmente, recalibrar mi manera de pensar recordando de dónde me ha traído Dios y las cosas maravillosas en las que me ha permitido participar. Cuando Sambalat trató de atraerlo a un lugar aislado para llevar a cabo sus planes asesinos, Nehemías no olvidó sus orígenes humildes en cautiverio en tierra extraña.

La integridad personal y el carácter humilde que Dios había desarrollado en él mientras servía al rey de Persia, se habían convertido en el marco de sus actitudes y acciones durante estas coyunturas decisivas de esta tarea, y de igual manera será también para usted. El proyecto de construcción fue solo la primera fase de la tarea de Nehemías. Su carácter humilde lo calificó para ejercer mayor influencia en la obra social de transformación con la que sería asociado por toda la eternidad.

Las Metas y Tácticas de Satanás Son Repetitivas

Las tácticas de Satanás se repiten de generación en generación. Los que él ha utilizado como sus instrumentos constantemente han usado esas mismas tácticas, ya sea en los años 400 a.C. o en el siglo XXI. En algún momento de su jornada es posible que encuentre estos obstáculos: intimidación, falta de respeto, difamación y acusaciones falsas. Personalmente, he descubierto que las dos últimas son las más dolorosas y difíciles de tratar, porque tocan el corazón mismo de lo que somos como hombre o mujer de Dios. Sin embargo, la difamación, la acusación falsa y el dolor que causan, al igual que su habilidad para tratar honorablemente con quienes las infligen, son indicadores de una victoria futura. Si usted se mantiene enfocado en su tarea y deja que Dios se encargue de su reputación, usted en definitiva prevalecerá, porque el Señor defiende a sus embajadores. Esta clase de enfoque requiere determinación, que es característica de toda la gente destinada a cumplir los propósitos del Señor. La carta abierta de Sambalat a la ciudad fue un ejemplo de todo lo mencionado anteriormente.

Las Acusaciones De Sambalat En El Lenguaje De Hoy

En Persia, las cartas que se cursaban entre personas de distinción e influencia iban enrolladas y selladas. Luego se amarraban con una cinta y se colocaban en una bolsa de tela, o portafolio. Para los menos importantes o los tratados con desprecio, las comunicaciones se enviaban como carta abierta. Después de años de servicio al rey de Persia, Nehemías estaba acostumbrado a la formalidad de la corte persa.[1]   El hecho de que Sambalat enviara una carta abierta tal vez no fue entendido a cabalidad por la mayoría de la gente, pero no pasó desapercibido para Nehemías. Esta carta abierta muy posiblemente se colocó en la plaza del pueblo para que todos la leyeran. Estaba llena de acusaciones falsas, difamaciones y amenazas con el fin de que la población general cuestionara no solo la integridad de Nehemías, sino también su liderazgo.

Para poder ser eficientes como líderes en los días de crisis, que ciertamente vendrán a nuestro mundo, tenemos que entender cómo suenan estas tácticas en el lenguaje del día de hoy.

- *"Se escucha entre las naciones…"*
  <u>En el lenguaje de hoy</u>: Hay mucha gente hablando de usted y comienzan a cuestionar su liderazgo.
  <u>La realidad</u>: Los nombres de las "personas", por supuesto, nunca se revelan y los detalles siempre se exageran. ¡Manténgase en la muralla! No abandone su tarea por lo que la gente pudiera decir. Usted sabe que su tarea no es otra que: cumplirla hasta el final.

- *"…tú y los judíos tienen planes de rebelarse…"*
  <u>En el lenguaje de hoy</u>: Sabemos de "fuentes confiables" que usted está disfrazando sus verdaderas intenciones y secretamente está planeando comenzar algo por su propia cuenta.
  <u>La realidad</u>: Para ser eficiente en iniciar sus tareas del Reino, Gente como Nehemías siempre

comenzará algo con claridad de propósito, con motivos y objetivos puros. Es gente de honor en todas las esferas de su vida. La difamación siempre buscará cuestionar sus motivos.

- *"…Según unos reportes, tú vas a ser su rey…"*
  En el lenguaje de hoy: La gente está diciendo que es ambicioso de manera egoísta y con afán de reconocimiento personal. Para nosotros es evidente porque podemos verlo a través de cómo se promueve a sí mismo y por su programa egoísta.
  La realidad: La gente no solo lo juzgará a usted, sino también sus motivos, sus objetivos con base en la cosmovisión que ellos tengan. Ese es el lente a través del cual ven toda la vida. Favor, promoción y autoridad rodean a Gente como Nehemías. Los líderes con mentalidad mundana nunca entenderán estas cosas porque son dones de Dios, y siempre los tergiversan. Estos dones son para empoderar a sus agentes para la tarea en cuestión. Manéjelos con humildad y sumo cuidado.
- *"… esto va a llegar a oídos del rey…"*
  En el lenguaje de hoy: ¡Vamos a destruir su reputación a menos que usted haga las cosas a nuestra manera!
  La realidad: La ilusión de los que son sus oponentes es que tienen poder y control sobre usted. Esta es la arrogancia de la iniquidad. En realidad, el único control que tienen es el que usted les permite tener. Dios es el único que les da a sus embajadores reputación, credibilidad y autoridad para desempeñar las tareas asignadas. Por consiguiente, no defienda lo que no es suyo.

- ***"Por eso, ven y hablemos de este asunto"***
  <u>En el lenguaje de hoy</u>: Somos personas razonables.
  Sentémonos y busquemos una "solución" que nos
  permita ayudarlo a salvar su reputación y nos dé
  todo lo que queremos, que es nada de lo que usted
  quiere.
  <u>La realidad</u>: A esto lo llaman "acuerdo razonable".
  De hecho, un término más apropiado sería
  "traición". Nunca se rinda ante esta clase de
  presión. Dios no comprometerá Sus planes
  estratégicos con nadie. Usted no puede
  comprometer lo que no le pertenece. El método de
  Nehemías fue el adecuado — no hizo compromisos,
  y se mantuvo en su curso. Para ser embajador del
  Reino, usted debe hacer lo mismo.

La Difamación Y Las Acusaciones Falsas Preceden Grandes Victorias

En cierta ocasión un hombre de Dios me dijo una
profunda verdad, en un momento cuando yo estaba
viviendo esta declaración: "La acusación falsa, la difamación
y la calumnia siempre preceden a las promociones de Dios,
o a una victoria importante". El Acusador de los hermanos
está siempre trabajando y sus acusaciones llegan a través de
la gente. Cuanto mayor es la tarea, mayor es la oposición y
más fuertes son las acusaciones.

El desacuerdo sincero es parte de la vida como también
lo es un punto de vista diferente de los temas. Durante
mis años en los negocios, me resultaba evidente cuándo
los dardos del enemigo encontraban su marca. Cuando los
desacuerdos sinceros sobre temas pasan a las acusaciones
acerca de su carácter personal, aprendí que debía terminar

de inmediato la discusión. Hay un poder en esa clase de condenación que llega hasta el alma y se apropia de ella. El Acusador siempre apunta al carácter. De esta manera sabe que el enemigo de su alma entra en el juego. La mejor defensa contra estos asaltos a su carácter es vivir una vida como si fuera un libro abierto delante de Dios y de los hombres, y vivirla sin tener de qué lamentarse y sin pecados secretos. Los mayores asaltos apuntarán a las esferas de sus dones y llamado. Cuando Dios le da a usted Su aprobación para que le sirva como embajador, puede esperar asaltos del enemigo de su alma en la forma de difamación.

LAS DISTRACCIONES

La distracción es un arma que se usa para apartarlo de sus tareas, para tratar de que usted se salga de la muralla. La meta es la de cambiar nuestro enfoque para que nos salgamos del sendero que conduce al cumplimiento del propósito de Dios. Es un arma que se usa en exceso, pero a menudo con éxito. He aquí algunas de las distracciones que tal vez pueda experimentar:

Oportunidad - La oportunidad siempre llega con la apariencia de lo bueno, lo importante, lo necesario o lo mejor. Posiblemente la oportunidad los incluya todos, pero ¿es la oportunidad consistente con la tarea que se le ha dado? Romanos 8:14 dice que *"todos los que son guiados por el Espíritu de Dios son hijos de Dios"*. No son guiados por una oportunidad. Es un error admitir que cada oportunidad que parece mejorará las cosas, proviene de Dios. Hay una diferencia entre oportunidades y tareas. Las tareas llegan con la autoridad para representar los intereses de su Rey, y esa autoridad es la que produce resultados tangibles. Las oportunidades no se presentan con esa misma autoridad.

Las tareas son, en esencia, acerca de avanzar los intereses de su Rey. Las oportunidades tratan de avanzar sus propios intereses. Las tareas llevan inmunidad y autoridad de embajador, las oportunidades no.

Posición - Una distracción fácil es la de deslumbrarse por la posición o influencia de otros y bajar la vista para enfocarse en un hombre y en lo que el hombre puede hacer para favorecer sus ambiciones. Dios siempre ha usado personas con influencia, pero el cumplimiento de las estrategias de Dios depende de Él, mucho más que de personas con influencia y posición. Los embajadores no se dejan encantar por personas de influencia o poder. Los embajadores no les dan a otros líderes el estado de héroes. Se enfocan en los negocios de su gobierno. Sambalat era un hombre de considerable influencia y autoridad en la región, pero Nehemías estaba acostumbrado a estar en la presencia de la realeza tanto celestial como terrenal. Por ser un hombre de mucha oración, comprometido con la justicia, todos los días se paraba delante del Gran Rey, por eso la influencia de Sambalat no lo impresionaba. Cuando usted entra en la corte del Rey, la presencia de gobernantes terrenales palidece a su lado — manténgase enfocado en ese Rey.

Miedo - El miedo a lo que los hombres puedan hacer o lo que la gente pueda pensar lo distraerá de su propósito. Gente como Nehemías no toma decisiones sobre la vida o el propósito basado en el miedo a lo desconocido o a la preservación propia. Semaías era un profeta mentiroso contratado por los adversarios de Nehemías.[2] Afirmaba tener una revelación especial sobre un complot para matar a Nehemías. Le advirtió que el único lugar seguro para Nehemías era el Lugar Santo, donde solo se les permitía estar a los sacerdotes. Este fue otro intento de desacreditar el liderazgo de Nehemías. Nehemías le respondió: "*¡Yo no soy de los que huyen! ¡Los hombres como yo no corren a esconderse en el templo para salvar la vida! ¡No me esconderé!*".[3] Gente como Nehemías siempre sufrirá atentados para desacreditar su liderazgo. Usted no puede permitir que el miedo sea un factor en las decisiones que tome.

Calumnia - Será víctima de calumnias si va a hacer algo significativo. Puede perder su enfoque defendiéndose contra esta táctica inevitable de los que se oponen a los propósitos de Dios y de Sus agentes. Gente como Nehemías cambia situaciones y eso no se queda sin oposición. Sambalat había colocado una carta en la plaza del pueblo para que todos la vieran, con acusaciones falsas contra el líder de Jerusalén. La respuesta de Nehemías a las acusaciones de Sambalat fue: "*Nada de lo que dices es cierto*". Siempre hay intentos de desacreditar a quienes representan los intereses de Dios.

Vivir como un embajador de Dios es vivir una vida llena de logros, realizaciones y retos. Cualquier embajador para ser eficiente tiene primero que aprender a ser un buen «número dos». Como servidor del Rey Altísimo, la función de gente como Nehemías es también la de ser un buen "número dos". Esto es parte del proceso de desarrollo del carácter que Dios trabaja en sus embajadores. Él necesita hombres y mujeres que se apasionan primeramente de Sus propósitos. Una vez que usted lo aprenda, descubrirá que Dios lo apoyará incluso si usted de buena fe comete un error, y lo protegerá del mal dirigido a usted de parte del enemigo y de la gente. También organizará los considerables recursos celestiales para defenderlo.

Capítulo 8

Distintas Esferas de Autoridad

Mi Dios puso en mi corazón el deseo de reunir a los nobles, a los oficiales y al pueblo, para registrarlos según su descendencia; y encontré el registro genealógico de los que habían regresado en la primera repatriación…

Nehemías 7:5

El avivamiento es por naturaleza transformacional y es la obra de Dios en la humanidad. Estudiosos del avivamiento sugieren que hay temas comunes, como la función de líderes que entienden el propósito de Dios y el papel de las Escrituras. El liderazgo de Nehemías originó la transformación física de Jerusalén, que proporcionó seguridad y protección a sus habitantes por primera vez en ciento cuarenta y dos años. La transformación física llevó a una transformación social y al desarrollo de la vida comunitaria que no había existido por generaciones, una vida comunitaria que poco a poco se enmarcaba en los temas y principios de la Ley.

Sin embargo, había otra faceta del plan de Dios que requería el liderazgo de Nehemías, y llegó como revelación. En este versículo, Nehemías comienza diciendo: "*Mi Dios puso en mi corazón…*" Revelación es una palabra que innecesariamente asusta a la gente, pero si no la reconoce, nunca será eficiente en su llamado. Es el lenguaje del Espíritu Santo y usted lo recibirá en multitud de formas.

Revelación simplemente significa información que Dios conoce y que a nosotros se nos revela a través de Su Espíritu. Ya que Dios nunca hace nada al azar, la revelación siempre tiene un propósito. Gente como Nehemías es gente de revelación, así que espérela. Dispóngase a recibirla, aprenda su lenguaje, júzguela adecuadamente y deje que la revelación de Dios sea su guía en el camino. Cuando así lo haga, su eficacia se expandirá exponencialmente.

Una de las cosas que aprendí en mi jornada es que incluso los que tenemos una mente más estratégica, pensamos en términos de final o destino. Tenemos una tarea; completamos la tarea, cerramos la puerta y avanzamos a la tarea siguiente. Los planes de Dios carecen de final o destino. Son jornadas continuas en las que una tarea coloca la base de la siguiente fase de Su plan redentor para la humanidad. Por consiguiente, cuando las murallas se construyeron, la siguiente fase del plan de Dios se le reveló a Nehemías. El concepto de Dios de la transformación de Jerusalén se diferenciaba del plan concebido por quienes estaban listos para celebrar el haber logrado la meta de una ciudad reconstruida, segura. Según las propias palabras de Nehemías, a él se le reveló el concepto de Dios. La revelación es a menudo el lenguaje que Dios usa para comunicarse con Sus líderes.

La revelación de Nehemías dio paso a la renovación de la vida comunitaria en la ciudad y estableció las condiciones para el gran avivamiento que siguió. En esencia, esta es la función de Gente como Nehemías de nuestro tiempo, y nadie lo afirma mejor que K. Tollefson cuando describa el trabajo de Nehemías de esta manera: "… la transformación total física y cultural que reconstruyó la ciudad y revitalizó las actitudes, valores y creencias del pueblo".[1]

Transformación Cultural

La muralla de Jerusalén se completó; se colocaron las puertas y hombres de confianza, temerosos de Dios, recibieron la autoridad para controlar el acceso a la ciudad bajo la dirección de Nehemías. La transformación física de Jerusalén fue un elemento esencial y un logro notable bajo circunstancias amenazantes. Es aquí donde por lo general termina la mención de este hombre Nehemías. Sin embargo, ¡la fase dos de su obra dinámica de transformación y liderazgo estuvo a punto de comenzar! Siempre habrá una fase dos para Gente como Nehemías, porque la obra de Dios en nuestra generación es un trabajo continuo que demanda un compromiso de toda la vida.

La revelación de la necesidad de una mayor definición del orden divino que es parte primordial de la obra de Gente como Nehemías es aquí debidamente acreditada al trato de Dios en su corazón. Después de años de opresión y caos, el remanente judío había olvidado las características distintivas de su herencia genealógica. El pensar en la situación de supervivencia anula cualquier pensamiento que no sea la necesidad inmediata. Bajo la inspiración del Señor, Nehemías reintrodujo el orden y la estructura de gobierno para los ciudadanos de Judá.[2]

Merece la pena anotar que esta directriz del Espíritu Santo no la recibió el sacerdote, sino el hombre que había sido cuidadosamente preparado y posicionado para implementar esta directiva concerniente a la vida fuera del Templo. No obstante, cuando se implementó esta directriz, se creó el ambiente para que la obra de los líderes del Templo se realizara de una manera espléndida. Cuando se implementó el plan inspirado por Dios, se descubrió que algunos sacerdotes se habían casado con mujeres no judías en violación a la Ley. El "gobernador" decidió sobre su participación y dijo que ya no podían comer de las cosas más sagradas. De una manera muy real, la revelación que Dios le dio a Nehemías dejó al descubierto el pecado del sacerdocio.

UNA CULTURA DE GENEROSIDAD

Una ciudad protegida sin habitantes no tiene valor, y este fue el caso después de la construcción de las murallas. La revelación de Nehemías de registrar a la gente según su historia genealógica se explica mejor en el Capítulo 11 de Nehemías. Su plan era el de traer a Jerusalén el diez por ciento de la población, con base en la genealogía familiar, para repoblar la ciudad. Invitó también a los sacerdotes y a los Levitas a regresar a la ciudad. Josefo nos da una idea de la generosidad radical de Nehemías — un elemento esencial de Gente como Nehemías de nuestros días. No se trata únicamente de generosidad personal que es evidente, sino que el mandato suyo es el de crear una cultura de generosidad dentro de su esfera de influencia.

"Pero cuando Nehemías vio que la ciudad estaba casi despoblada, exhortó a los sacerdotes y a los levitas para que dejaran el campo y se movieran a la ciudad y allí continuaran; y les construyó casas por las cuales pago él; y ordenó que la gente empleada en cultivar la tierra trajera parte de sus frutos a Jerusalén, para que los sacerdotes y levitas ya con provisión pudieran vivir perpetuamente y no dejaran la adoración divina; los que voluntariamente escucharon las constituciones de Nehemías, por cuyo medio la ciudad de Jerusalén tuvo más habitantes que antes…"[2]

El orden divino dentro de la Iglesia y fuera de las paredes de la Iglesia crea ciertas condiciones que propician la liberación de la provisión de Dios para que cosas naturales y espirituales se realicen, como la unidad y la transformación social. Estas cosas no las logra un predicador bautista que predica desde el púlpito de un predicador pentecostal. El orden divino, según yo entiendo la definición de Dios, crea la atmósfera para que el Reino de Dios florezca en todas las fases de la sociedad, incluso la iglesia sin que esté limitada al templo. Esa es la responsabilidad primaria de Gente como Nehemías. Cuando ese orden se establece, los resultados son sorprendentes.

El Orden Crea Una Atmósfera De Generosidad

Recientemente me preparaba para hablar en una fraternidad de negocios sobre el Libro de Nehemías. En mi ingenuidad, pensé que había entendido bastante de este libro y dije: "Señor, ¿puedes mostrarme algo nuevo aquí?" Leía en el capítulo 7, y a los cinco minutos descubrí algo que me sorprendió. Cuando se instaló el orden divino, la provisión de Dios rebasó la imaginación.

He calculado los precios de oro y plata al precio de mercado de hoy, mientras escribo este capítulo. La ofrenda de Nehemías, de los líderes y del pueblo al precio de mercado de hoy, es una exhibición de generosidad en cualquier generación. Nehemías entregó personalmente lo equivalente a $398,720 (trecientos noventa y ocho mil setecientos veinte) dólares americanos. Los líderes y jefes de hogar dieron un total de $9,100,720 (nueve millones cien mil setecientos veinte) dólares americanos. La gente común y corriente que trabajó en la muralla y cultivó sus campos bajo un sol ardiente, al precio de mercado de hoy entregó $7,874,000 (siete millones ochocientos setenta y cuatro mil) dólares americanos. El total entregado durante ese tiempo a la tesorería del templo, al precio de mercado de hoy fue de $16,974,720 (dieciséis millones novecientos setenta y cuatro mil setecientos veinte) dólares americanos. ¡Y todo eso además de las vestimentas para los sacerdotes y tazones!

El orden divino antecedió este desbordamiento de generosidad radical, pero fue un orden divino en todas las fases de la sociedad. La generosidad radical es producto de este orden. Un pastor amigo de muchos años, me contó algo hace algún tiempo que creo es profundo. "Paul, nunca he visto a alguien que tenga un avivamiento personal con el Señor y sea tacaño". Lo contrario a esta afirmación es: es difícil que la gente tacaña experimente un avivamiento. Parece que el avivamiento y la generosidad van de la mano, y el orden divino establece las condiciones para ambos.

No Hay Necesidad De Disculpas

Gente como Nehemías a menudo recibe una visión para reformar y restaurar cosas descompuestas, establecer nuevos paradigmas culturales e imponer orden en medio del caos. Esta gente nace para ser reformadora, aunque su reforma sea fuera de las paredes de la iglesia. Es importante que usted, como líder tipo Nehemías, se dé cuenta de que no necesita disculparse ante nadie por la visión. Ni debe permitir que lo intimiden de ninguna forma porque ve las cosas de modo diferente. Gente como Nehemías es precursora y los precursores no siempre ven las cosas de la misma manera como las ven los demás. La visión para esta clase de cambio es inspirada por Dios y usted es el guardián de la visión. Para ser un guardián eficiente, tiene que mirar el problema a través de los lentes que Dios le da. Esos lentes tienen un vínculo directo con su destino.

DESTINO

Todo aquello que domina sus pensamientos y sus oraciones revela esas áreas de su destino y de su llamado. A medida que Dios prueba y moldea su carácter a través de las experiencias de la vida, y su visión y carácter maduran, es posible que su visión se amplíe e incluso cambie. No es raro que Dios le hable a usted de su destino mucho antes de que haya cualquier indicio de la manifestación del mismo, así que no se frustre. No deje que otros lo intimiden para que se aleje de su visión, porque esta todavía no ha entrado en foco.

Contarle a todo el mundo lo que usted cree que Dios le ha revelado acerca de su tarea antes de tiempo, no es lo más aconsejable. El cumplimiento de esa tarea es prueba suficiente para que los demás determinen su validez. Tengo amigos que recibieron grandes visiones y hablaron de ellas prematuramente. Terminaron con nuevos "amigos" que vieron la oportunidad de prosperar o mejorar aún más su propia visibilidad personal alineándose con la visión suya. El enemigo hace su mejor trabajo de malograr la visión cuando se encuentra en su infancia. Guarde su corazón y sus labios y deje que el Señor haga Su obra.

Tengo algunos amigos muy queridos que son pastores. Anhelan un cambio de Dios en sus iglesias o en sus redes de iglesias. La iglesia es su centro. Tengo otros amigos cercanos que han trabajado sin descanso por la salvación de una ciudad. Han dedicado toda su vida para ver que el Reino de Dios llegue al gobierno, a los negocios, a las iglesias y a las vidas de la gente de la ciudad. Tengo otros amigos que pueden usar la influencia que Dios les ha dado para afectar la política a nivel nacional. Otros tienen la visión de continentes enteros o las naciones del mundo.

Su conversación y la capacidad para ejercer la influencia dada por Dios se relaciona directamente con sus llamados y destinos.

"Ver" Lo Que Dios Le Permite "Ver"

Ver la vida, las organizaciones o las naciones a través de los lentes que Dios nos ha dado, indica la esfera de autoridad que se nos ha concedido para ejercer influencia y producir cambio. Nuestras respectivas visiones representan el papel singular que todos tenemos en el plan estratégico de Dios para estos últimos tiempos. Sin embargo, todos nosotros "vemos" de manera distinta y distinto no significa que sea menos significativo, menos evidente o menos importante. Solo significa que es distinto. Si la visión que usted tiene es para los negocios o para ayudar a otros a desarrollar negocios sólidos del Reino en todo el mundo, esto dominará sus pensamientos, sus oraciones y sus acciones. Si su visión es para la justicia en el gobierno, entonces todos los aspectos de su vida se dirigirán a lograr ese fin. Si es la familia o el ministerio eclesiástico, este será el lente a través del cual vea la vida y se convertirá en la pasión de su vida. Dios bondadosamente me explicó este punto una noche después de un culto el domingo por la noche.

Cruzaba el estacionamiento para dirigirme a mi vehículo con un hombre que era uno de los líderes claves de una iglesia grande. Le tengo una gran estima ya que encarna al líder servidor humilde, capaz, de gran integridad. Mientras caminábamos juntos por el estacionamiento, nuestra conversación giró a nuestra vida de oración. Le pregunté a mi amigo: "Jimmy, ¿cuáles son las cosas por las que más oras?". Recuerdo su mirada anhelante mientras respondía: "Bueno, oro por nuestro pastor; oro por la gente de nuestra iglesia y por el personal. Oro por la visión de la iglesia y nuestro papel en la ciudad …".

Confieso mi ingenuidad e ignorancia, pero su respuesta me sacudió. "¿Qué? Claro que yo oro por mi pastor, ¡pero casi nunca oro por esas otras cosas que mencionaste! Oro por las naciones, las elecciones, las economías, los gobiernos y los líderes de empresas. Oro por el Reino de Dios para que se establezca en esos lugares y que se levante un liderazgo justo. ¿Nunca oras por las naciones del mundo?". Ambos estábamos "viendo" nuestro mundo a través de los lentes que Dios nos había dado. Esos lentes indicaban nuestras respectivas tareas. Mi tarea no era mejor que la de Jimmy. Simplemente, era diferente.

Este encuentro me afectó profundamente, porque Dios me estaba enseñando algo que sería esencial para mi crecimiento personal. A medida que reflexionaba en este momento de enseñanza del Espíritu Santo, comencé a entender varios temas importantes:

1. Dios les da a diferentes líderes, visiones diferentes, sin que eso signifique que una visión es mejor o mayor que la otra. Es simplemente diferente. Tampoco quiere decir que tenemos licencia para menospreciar a quienes tienen una visión diferente. Su visión puede ser distinta, pero es igual ante los ojos de Dios.

2. No hay que disculparse por lo que Dios permite que usted "vea". Tal vez su visión es la de reconstruir las paredes destruidas de las murallas de una ciudad, reconstruir las murallas destruidas del templo, o reconstruir una familia destruida, pero usted no necesita defender esa visión ni disculparse ante nadie.

3. Sus pensamientos, las cargas de su corazón y su vida de oración revelarán la esfera de su autoridad. En esos momentos silenciosos, sin interrupciones delante del Señor, ¿en qué reflexiona y por qué ora?

4. La visión que usted tiene hoy, según se la revela el Espíritu Santo y las cargas de su corazón quizás no sea la misma visión que tenga mañana. Cuando las tareas cambian, también cambia la visión para su vida. Tendemos a pensar en términos de satisfacer los requisitos, de pasar el examen y de avanzar hacia el reto siguiente. Tal vez podría definir esto como: "lista de verificación cristiana". Dios no evalúa listas de verificación basándose en un sistema de aprobado/suspendido. Él evalúa el carácter. Podría ser que Dios le está dando una nueva tarea.

5. Cuando la visión de su vida cambia y es el momento de avanzar hacia la nueva tarea, no se quede en lo que es familiar y seguro. Si se queda, notará que la autoridad, la eficacia y el cumplimiento disminuyen. Como mi querido amigo el Dr. Alejandro Amaya dice: "Cuando la gloria del Shekiná (la presencia del esplendor de Dios) se mueve, ¡nosotros nos movemos!".

6. El carácter, la humildad y la confianza en Dios anteceden al don de la autoridad que se necesita para cumplir la visión para su vida. Este no es un logro que se basa en la autoridad; se basa en que Dios confía en la capacidad suya para representarlo a Él y no a usted mismo. Enfóquese en mantenerse en la presencia de Dios y verá cómo sus tareas llegarán rápidamente.

Quisiera enfatizar nuevamente que es muy posible que Esdras y sus colegas sacerdotes vieran la necesidad de este orden divino más allá del templo. Sin embargo, dos importantes elementos establecen el orden divino: la tarea dada por Dios, y la autoridad dada por Dios para cumplir la tarea. La autoridad para establecer esta clase de orden en nuestros días en organizaciones, negocios, gobiernos, ciudades y en las naciones del mundo, recae enteramente en los hombros de Gente como Nehemías en el mundo. Esta clase de autoridad dada por Dios no se puede dar por supuesta. Se acepta como un don y debe realizarse con gran humildad. La responsabilidad de Gente como Nehemías va más allá de reconstruir murallas, para establecer una cultura divina y honorable donde prevalezcan la corrección, la justicia y el orden divino.

CAPÍTULO 9

FASE II IMPLEMENTACIÓN

Entonces todo el pueblo, como un solo hombre, se reunió en la plaza que está frente a la puerta del Agua y le pidió al maestro Esdras traer el libro de la ley que el Señor le había dado a Israel por medio de Moisés. Así que el día primero del mes séptimo, el sacerdote Esdras llevó la ley ante la asamblea, que estaba compuesta de hombres y mujeres y de todos los que podían comprender la lectura.

Nehemías 8:1-2

Las murallas ya estaban levantadas, los habitantes se establecían en la ciudad y el orden divino que proviene de la estructura gubernamental adecuada ya se estaba organizando. La transformación física y social —el llamado de Gente como Nehemías, iba avanzando en Jerusalén. Nehemías fue nombrado para establecer este orden divino, y este orden divino tenía que anteceder a la siguiente fase de trabajo transformacional, el de los sacerdotes. La plenitud del orden divino de Dios estaba, una vez más, a la vista para que toda Jerusalén lo experimentara. Era Rosh Hashaná, la Fiesta de las Trompetas[1], el comienzo del nuevo año. El día tan esperado había llegado por fin. Era el comienzo de un nuevo capítulo de la historia de Israel.

El Año Nuevo bíblico en realidad se celebraba en la primavera, pero los Rabinos le dieron tanta importancia a este día que en alguna ocasión fuera el Nuevo Año civil de los judíos, que con el tiempo se convirtió en el Año Nuevo espiritual también y la primera fiesta de los días santos.

Si hay una palabra que describa el significado de Rosh Hashaná, sería "reunificación". Es el día cuando Israel, como nación, es convocada a reflexionar sobre su condición espiritual y a hacer los cambios necesarios en los siguientes diez días, con el fin de asegurar que en el año que se aproxima sus vidas, como nación, será agradable a Dios.[2]

Rosh Hashaná empieza con el soplo del shofar (Toque de Despertar) que convoca a la gente a diez días (diez días de recogimiento) de autoexamen, perdón, restitución y reconciliación de relaciones con Dios y el hombre. En el día décimo se celebra el Yom Kippur (Día del Perdón)[3] cuando el sumo sacerdote entra al templo para expiar los pecados de la nación mediante la ofrenda de un sacrificio. Por la infinita misericordia de Dios, la expiación de nuestros pecados la hizo Jesús, el Cordero sin mancha de Dios, de una vez por todas.

AÑO SABÁTICO — EL BOTÓN DE RESTAURACIÓN ECONÓMICA DE DIOS

Esta celebración en particular del Rosh Hashaná fue particularmente más especial ya que era el comienzo del Año Sabático (Sh'mittah). El Año Sabático ocurría cada siete años. Una de las disposiciones del Año Sabático era que los acreedores liberaran y perdonaran todas las deudas. Esta porción de la Ley efectivamente eliminó la deuda a largo plazo en la economía de Israel. En un sentido muy real, el Año Sabático fue un botón de restauración económica. En este año, los agricultores debían dejar descansar la tierra durante todo el año sin labrarla. Los esclavos por deuda[4] (los que estaban al servicio del acreedor para pagar sus deudas) quedaban libres de esta obligación y el acreedor estaba obligado a despedirlos de su servicio con alimentos, animales, grano, vino y su bendición.

El Año Sabático era también una línea de plomada cultural y económica y una expresión práctica del deseo de Dios de dignidad humana, libertad, honor y dependencia de Él. Piense en lo revolucionario de este requisito cultural de dignidad humana en el mundo de Esdras y Nehemías. Sigue siendo un concepto revolucionario en nuestro mundo de hoy. Gente como Nehemías debe filtrar decisiones, influencia y servicio a través de esta misma expresión práctica del deseo de Dios para que haya dignidad humana, libertad y honor para que sean efectivos en la sociedad.

Otra disposición del Año Sabático fue el requisito de la lectura pública de la Ley.[5] Durante los largos años de cautiverio muchos judíos vivían en medio de una cultura de intimidación, opresión y caos en la que las demostraciones públicas como la que se describe aquí eran o bien difíciles o imposibles. Hasta la llegada de Nehemías, los judíos en los alrededores de Jerusalén estaban atrapados en una lucha diaria para sobrevivir. Esta distintiva parte de la cultura, que Dios le dio a Israel, se había perdido en sus vidas debido a la intimidación social. En cualquier capítulo de la historia, la herencia cultural de los que han sido conquistados, típicamente, se torna en objeto de escarnio y reproche por parte del conquistador. Al cumplir la tarea asignada en la región, Nehemías creó las condiciones para un momento culminante en la vida de Israel.

Centrado en el Domingo

Uno de los propósitos de la vida de Gente como Nehemías es la de crear las condiciones en el siglo XXI para que ocurran esos momentos culminantes. Entender que en realidad Dios tiene un plan para la sociedad fuera de las paredes de la iglesia es comenzar a ganar un impulso global. Aunque no se trata de un nuevo concepto en las Escrituras, se ha perdido en el entendimiento occidental de la cultura hasta hace pocos años.

El modelo de iglesia en la cultura occidental ha creado un entendimiento "centrado en el domingo" de la obra de Dios en la cultura. Centrado en el domingo significa que, si usted quiere experimentar la presencia de Dios en su vida, tiene que esperar seis días para hacerlo. Significa que su vida espiritual gira alrededor de los cultos de la iglesia. Si quiere emplear sus dones de liderazgo, debe pasar por un curso de capacitación de líderes en la iglesia. Si Dios va a tenerlo a usted en cuenta seriamente y va a trabajar en los dones del Espíritu, de los que se habla en las Escrituras, usted debe ser pastor o misionero o tener alguna plataforma en la iglesia para predicar y enseñar. Esto crea una paradoja porque muchos líderes religiosos tienen el profundo deseo de una mayor manifestación de justicia en la sociedad, pero el modelo centrado en el domingo actual obstaculiza este deseo.

Bob es un amigo cercano y el exitoso dueño de un negocio, con gran influencia en una de las ciudades más grandes de los Estados Unidos. Ha dedicado la mayor parte de su vida adulta ayudando a dueños de negocio a construir negocios del Reino. Este es un hombre que sin lugar a dudas tiene el llamado de Nehemías en su vida. También es uno de los miembros fundadores y anciano gobernante de una de las iglesias más grandes en los Estados Unidos. Bob me contó que hace varios años estaba almorzando con el pastor titular de su iglesia, que era al mismo tiempo un amigo cercano. Le hizo la siguiente pregunta: "¿Cree que los dones del Espíritu de los que se habla en la Biblia son para usarse en el mundo de los negocios?". Su pastor le respondió: "Por supuesto que no. Se usan únicamente en la construcción del Reino de Dios".

Esa mentalidad centrada en domingo, inadvertidamente anima a la impotencia espiritual en el liderazgo de los que son llamados a servir desde los púlpitos del gobierno, el comercio, la medicina, los medios de comunicación, la educación u otras esferas comunes de la sociedad. Esta mentalidad comunica que esos púlpitos en particular, que son esenciales para este orden divino que es el deseo de todos nosotros, son insignificantes ante los ojos de Dios. Transmite el mensaje que los que predican desde estos púlpitos no deben esperar nada parecido a lo que sucedió en el Libro de los Hechos. Involuntariamente comunica que los dones del Espíritu, los mismos dones de los que tan elocuentemente habló el apóstol Pablo, funcionan solamente un día a la semana.

La mentalidad centrada en domingo nos ha hecho una voz silenciosa en medio de un mundo bullicioso que grita con hostilidad cada vez más creciente a quienes siguen los caminos de Dios. Esta vida en Dios, la que usted y yo vivimos, no se creó para ser vivida solo un día a la semana. Cuando usted la vive solo un día a la semana tendrá que mezclarse con el resto del mundo los restantes seis días, y al hacerlo, su voz se torna silenciosa, débil e indefensa. Los dones que Dios pone a disposición de todos los ciudadanos de su Reino — los dones que nos hace un pueblo singular— siempre se acallan al acomodarlos a la presión externa del mundo que nos rodea.

DIFERENTES PÚLPITOS Y DIFERENTES SERMONES

Ha llegado la hora para la implementación de la Fase Dos en el plan de Dios. Es la hora de Gente como Nehemías

— esos hombres y mujeres con el llamado para realizar algo más que un ministerio vocacional, sentados en las iglesias del mundo — para ser proclamados y liberados en sus llamados respectivos. Dios está despertando a Gente como Nehemías de nuestra generación para llenar esos púlpitos fuera de la iglesia local, no para competir con la iglesia sino para complementar lo que la iglesia está haciendo. Los "sermones" que ellos predican desde sus púlpitos no son competencia para los que se predican el domingo. Facilitan y realzan la tarea de la iglesia en la sociedad. Implementan el plan de Dios para la reconstrucción de la sociedad de acuerdo con los temas y principios de sus leyes de Dios en el siglo XXI, así como Nehemías implementó el plan de Dios para la reconstrucción de Jerusalén. Ellos completan el plan de Dios.

EL FACTOR ÚNICO

Para cumplir cualquier llamado de Dios efectivamente, usted debe esperar la presencia de Dios los siete días de la semana. Un día a la semana no es suficiente. No es una obligación religiosa que usted busque la presencia de Dios a diario — es la vida misma, para usted. Sabiduría, percepción, innovación, discernimiento, favor, claridad de propósito y buen criterio, todo esto comienza con la presencia de Dios, porque todo se deriva de Su presencia y es lo que hace la distinción entre usted y el resto del mundo los otros seis días de la semana. Éxodo 33:15-16 lo ilustra profundamente. Moisés sostenía una de sus conversaciones con Dios acerca de la importancia de la presencia de Dios.

"O vas con todos nosotros —replicó Moisés—, o mejor no nos hagas salir de aquí. Si no vienes con nosotros, ¿cómo vamos a saber, Tu pueblo y yo, que

contamos con Tu favor? ¿En qué seríamos diferentes de los demás pueblos de la tierra?" (Énfasis añadido)

El fruto de la presencia de Dios es lo que lo diferencia a usted de sus colegas. Su presencia no solo lo distingue el domingo por la mañana, sino que será un factor distintivo en usted como jefe de estado o educador durante los restantes seis días de la semana. Como médico, porque por la presencia de Dios en su vida usted tendrá una notable intuición y capacidad sobre la condición humana. Su presencia lo distingue como empresario o dueño de un pequeño negocio. Como padre, la presencia de Dios le dará la sabiduría para criar a sus hijos para que sean la generación Joel Capitulo 2.[6] Su presencia lo elevará de la rutina de un copero a la extraordinaria hazaña de un constructor de murallas.

Un Asunto De Mérito

En mis observaciones veo que Gente como Nehemías a menudo duda de su mérito. Esto por supuesto no se aplica a todos los casos, pero en general, le falta entender el mérito que cada uno tiene para esta generación. Diría que hay varias razones para esto:

- El mensaje frecuente de un mundo religioso que dice que lo que usted está llamado a hacer fuera de las paredes de la iglesia es por naturaleza secular.
- El malentendido de lo que es sagrado a los ojos de Dios.
- Comparar la pasión y el llamado de su vida al llamado de aquellos que sirven en el ministerio vocacional.
- Ver su función exclusivamente como un mecanismo de financiamiento para aquellos que están realizando la "verdadera obra de ministerio".
- Medir su propio éxito en función de los que lo rodean.

167

Rob fue un corredor de maratón de clase mundial. Fue miembro del Equipo Olímpico de los Estados Unidos y también corrió profesionalmente durante varios años. Le pregunté a Rob cuántas pruebas había ganado, y su respuesta ilustró un principio del Reino, en mi caso, que nunca olvido. "Paul, para un corredor de maratón no siempre es ganar la medalla o ganar la carrera. Por supuesto, todos corremos para ganar. No obstante, para mí, el logro más grande fue saber que me entrené lo más duro y corrí lo más rápido que el cuerpo me permitió correr en determinado día. Para el corredor de maratón es una trampa y un error medir siempre su éxito basado en la actuación de los demás en un día determinado".

Gente como Nehemías no está llamada a actuar en las sombras, como si fueran observadores tímidos de los acontecimientos que ocurren en organizaciones, ciudades, naciones y el mundo. Su "éxito" lo mide la definición de "éxito" de Dios, y no por nuestro registro de ganancia/pérdida. Usted no necesita disculparse por servir a Dios fuera de las paredes de la iglesia. No tiene que aceptar la vida en un nivel más bajo. Ante los ojos de Dios, su servicio no es menos valioso que la función de los que ocupan ministerios de púlpito más prominentes. Su mérito para la sociedad es crear las condiciones para que el orden prevalezca en la esfera de responsabilidad que Dios le ha dado con el fin de que la comunidad florezca bajo Su bendición.

LA POSICIÓN DEL SACERDOTE

Fue apropiado que se le pidiera a Esdras, el respetado sacerdote, que comenzara leyendo la Ley ante el pueblo frente a la Puerta del Agua. En este momento, ya era un anciano y algunos eruditos dicen que posiblemente ya se habría retirado de la vida pública. Sabemos, de acuerdo con el Libro de Esdras, que él había dedicado su vida al estudio de la Ley.[7] Sus conocimientos eruditos, la dedicación al estudio y la enseñanza de la Ley le habían dado prestigio no solo entre los judíos del cautiverio, ¡sino ante el rey de la nación más poderosa de la tierra en su época! Aproximadamente catorce años antes, mientras Esdras se preparaba para emprender el viaje a Jerusalén, el rey Artajerjes puso toda la fuerza de su gobierno a su disposición para este viaje, con una carta de presentación para todo el que se encontrara en su camino. La carta del Rey decía que quien obstaculizara a Esdras de cualquier manera, sería castigado con el destierro, la cárcel, la confiscación de todos sus bienes o la pena de muerte.[8] Esdras gozaba de la alta estima de un rey pagano.

Propósito De Vida de Esdras

Al día siguiente de este acontecimiento notable en Jerusalén, Nehemías menciona lo siguiente:

"Al día siguiente, los jefes de familia, junto con los sacerdotes y los levitas, se reunieron con el maestro Esdras para estudiar los términos de la Ley".

(Nehemías 8:13)

¿Por qué la gente, incluso Nehemías, se reuniría para escuchar a este anciano explicar las Escrituras? Fue debido al compromiso de Esdras, hecho mucho tiempo antes, de concentrar todo su corazón en el estudio, práctica y enseñanza de los estatutos de Dios en Israel. Esdras era distinto a Nehemías, pero era reconocido como un hombre digno de mucho honor. El orden divino que Nehemías propició en Jerusalén creó las condiciones para que Esdras hiciera aquello a lo que había dedicado toda su vida: llevar la Ley al pueblo. Un avivamiento estaba a punto de ocurrir.

Exhibición Del Liderazgo Que Honra a Dios

Algunos eruditos afirman que hubo aproximadamente cuarenta y dos mil personas reunidas ese día para escuchar la lectura de la Ley. Era un evento que por muchos años no había ocurrido en Israel, debido a que el caos y la opresión habían sido por mucho tiempo parte de la vida del judío en esos días. La plataforma construida para la lectura de la Ley se elevaba por encima de las cabezas de la gente para que los sacerdotes y levitas pudieran ver y oír mientras la Ley se leía al pueblo.

Mientras leía Nehemías Capítulo 8 hace algunos años, recordé este versículo:

> *El maestro Esdras se puso de pie sobre una plataforma de madera construida para la ocasión. A su derecha estaban Matatías, Semá, Anías, Urías, Jilquías y Maseías; a su izquierda, Pedaías, Misael, Malquías, Jasún, Jasbadana, Zacarías y Mesulán.*
>
> (Nehemías 8:4)

Luchaba por leer los nombres cuando el Señor me hizo una simple pregunta esa mañana: "¿Te has fijado en que hay un nombre que brilla por su ausencia en esta plataforma?". Esa pregunta de repente retumbó con sentido. ¡Nehemías no estaba en la plataforma, sino que estaba abajo entre la gente escuchando la lectura de la Ley!

De una forma muy real, Nehemías debió haber sido el hombre más prominente en Jerusalén. Sin embargo, un líder menor, ávido de la atención y los elogios que acompañan a los que logran grandes cosas, hubiera buscado la manera de estar en la plataforma con los sacerdotes y los levitas. Un hombre incapaz de separar su papel en la ciudad del papel de los sacerdotes hubiera demandado tener un lugar en la plataforma para que todos pudieran verlo. Si él hubiera querido la visibilidad y la necesidad de atención, no hay duda de que había ganado ese derecho, porque había establecido una cultura en Jerusalén que creó un lugar seguro y estable para el pueblo. Sin embargo, esta clase de hombre habría competido por la atención de la gente que apropiadamente estaba concentrada en la lectura de la Ley por parte del sacerdote. Nehemías había realizado su trabajo para que los sacerdotes realizaran el de ellos. Claridad de propósito significa que usted sabe cuál es su función y cuál es su lugar en la estrategia de Dios. Gente como Nehemías no ocupa una posición que no es suya por la necesidad egocéntrica de atención o para alimentar un inmenso amor propio con el aplauso y la atención del hombre. Lo que aquí se ilustra es un verdadero orden bíblico.

La Respuesta Del Pueblo

Mientras Esdras leía la Ley, los levitas estaban dispersados entre la multitud para explicársela a la gente. Terminada la lectura de la Ley, la gente levantó las manos, inclinó el rostro en tierra en señal de adoración al Señor. Comenzaron a llorar al darse cuenta de que el cautiverio había sido el resultado de la desobediencia nacional. Si verdaderamente hubo cuarenta y dos mil personas reunidas ese día, es evidente que sucedió un verdadero arrepentimiento. En nuestro contexto del siglo XXI, esto sería un gran avivamiento.

Cabe destacar en especial que el trabajo de Nehemías no competía con el de Esdras. Creó las condiciones para que este evento se llevara a cabo. Esdras, los sacerdotes y los levitas no hubieran podido reunir esta clase de asamblea sin el trabajo y la colaboración de Nehemías. El nombramiento recibido de Dios allá en Susa para tratar ciertos elementos de la vida en Jerusalén creó las condiciones sociales para que Esdras pudiera realizar plenamente su unción como maestro de la Ley. El trabajo de Nehemías produjo el orden divino para que Esdras pudiera generar el orden divino que se le había encomendado. El resultado fue el arrepentimiento nacional y un gran avivamiento. Al igual que Gente como Nehemías, usted debe entender que su función en la sociedad no es la de ser el ápice de todas las cosas, sino simplemente cumplir su tarea con humildad e integridad trabajando bajo la autoridad que se le ha concedido.

Antítesis Del Liderazgo De Nehemías

¿Ha notado cómo quienes buscan posiciones de liderazgo se vuelven muy religiosos si de manera conveniente esto les permite lograr un deseo egoísta? ¿Ha notado también que cerca del período de elecciones los líderes políticos hablan en sus iglesias o buscan el apoyo de líderes religiosos prominentes? He observado que muchos de esos líderes políticos —no todos, por supuesto— pasadas las elecciones, a su conveniencia olvidan los apoyos que buscaron y las promesas que hicieron. Los que tienen el apoyo de Dios no pueden actuar de esta manera.

Tuve el privilegio de hospedarme en el hogar de un prominente líder religioso latinoamericano hace ya varios años. Una noche, con interés me mostró un vídeo de una de sus grandes cruzadas, que incluía el videoclip de un candidato presidencial que subió a la plataforma mientras miles de personas lo escuchaban confesar su amor a Dios.

Era un candidato cuando se hizo el vídeo, pero más tarde fue elegido presidente de esta nación. Su elección fue una esperanza de reforma para la nación y justicia en el gobierno. Varios años después, al finalizar su período en el cargo, fue sometido a arresto domiciliario por presuntamente haber robado un millón de dólares depositándolos en bancos extranjeros. Era una nación latinoamericana pobre, con tasas de desempleo de más de un cincuenta por ciento en ese entonces. Esta es la antítesis del liderazgo que Gente como Nehemías provee.

El trabajo de transformación requiere categorías diversas de visibilidad e influencia en diferentes momentos. En todo tiempo, requiere un liderazgo humilde e integridad. Requiere entender la visión de Dios para el pueblo y la sociedad. Este trabajo se desarrolla por medio de alianzas de colaboración con personas afines que se preocupan más por los propósitos superiores de Dios dentro de una cultura, y no de pasearse como pavos reales de plataforma, motivados por la ambición egoísta, sin preocuparse de otra cosa que no sea su propia imagen y sus deseos. Si usted no puede reconocer cuándo debe hacerse a un lado en favor de otros significa que todavía Dios necesita obrar en su corazón. Este capítulo del Libro de Nehemías es una profunda ilustración de la clase de hombres y mujeres que Dios respaldará en el siglo XXI y ungirá para que lleguen a ser los líderes de los últimos tiempos.

Capítulo 10

Arrepentimiento y Renovación del Pacto

Durante tres horas leyeron el libro de la ley del Señor su Dios, y en las tres horas siguientes le confesaron sus pecados y lo adoraron.

Nehemías 9:3

Dos días después de concluida la Fiesta de los Tabernáculos (Fiesta de las Enramadas), mientras los sacerdotes y levitas debían continuar leyendo la Ley diariamente, la gente se congregó, se vistió de luto, se cubrió de cenizas y ayunó para simbolizar su sentimiento de duelo y humildad. Como un pueblo se reunieron para arrepentirse de sus pecados y de los pecados de las generaciones pasadas. Reflexionaron sobre sus errores como pueblo, se examinaron individualmente a la luz de lo que escuchaban en las Escrituras y reconocieron que habían quebrantado el pacto.

Mientras los sacerdotes y los levitas seguían leyendo la Ley e interpretando su significado al pueblo, la sociedad como un todo comenzó a experimentar un cambio. Una recordación más profunda de quiénes eran como pueblo y qué los distinguía de las otras naciones comenzó a cobrar su lugar una vez más. Los corazones de las personas se conmovieron con un hambre renovada de las cosas de Dios que habían sido olvidadas durante el cautiverio. Permanecieron de pie por horas seguidas para escuchar a

Esdras, y los líderes religiosos comenzaron a reenfocar la sociedad sobre los fundamentos de su pacto con Dios y la gente comenzó a entender que ellos y sus antepasados no habían cumplido ese pacto.

Esta evaluación sincera de su condición como pueblo se debió a varios factores importantes:

1. El liderazgo de Nehemías creó condiciones de vida seguras para Judá.

2. La estructura gubernamental justa dio origen a un sentido renovado de comunidad.

3. El orden divino liberó a la gente de pensar en una situación de supervivencia a corto plazo que la había mantenido concentrada en su necesidad inmediata.

4. Una alianza de honor y respeto entre Nehemías, Esdras, los sacerdotes y los levitas le permitió al pueblo centrarse en lo que era su constitución nacional: la Ley.

5. Los líderes de la comunidad renovaron su compromiso de celebrar las fiestas del Señor, tal como Dios las había establecido en el Libro de Levítico, "*Yo, el Señor, las establecí*".[1] La comunidad en general celebró estos "momentos establecidos" por primera vez en muchos años. Estas celebraciones se convirtieron en el catalizador para lo que iba a ser el mejor momento en Israel.

La Fiesta De Los Tabernáculos

La Fiesta de los Tabernáculos (Sucot; de las Enramadas) se celebró durante ocho años y era la tercera fiesta en importancia durante los primeros diecinueve días del Año Nuevo. El Sucot es un tiempo de gozo que tiene dos significados. Primero, la gente debía habitar en cabañas temporales para recordar el tiempo en el desierto y la fidelidad y provisión de Dios durante esa jornada. Segundo, Sucot era tiempo de acción de gracias y alegría por la bendición de Dios de darles la cosecha.

Los Puritanos, que fueron algunos de los primeros colonizadores europeos de los Estados Unidos a principios de los años 1600, emprendieron el difícil viaje de cruzar el Atlántico en busca de libertad religiosa. Los colonizadores puritanos eran grandes estudiosos del Antiguo Testamento y en general se cree que el primer Día de Acción de Gracias en los Estados Unidos tuvo su fundamento en la fiesta del Sucot.[2] El día de Acción de Gracias es fiesta nacional en los Estados Unidos desde los años 1700.

Al finalizar la fiesta de los Tabernáculos, los líderes y el pueblo siguieron llegando para oír la lectura de la Ley. Era un tiempo bullicioso de celebración y de un entendimiento renovado de su historia. Estas celebraciones de las fiestas del Señor crearon un hambre renovada por las cosas de Dios que habían hecho de Israel una nación distinta a las demás naciones de la tierra.

Este anhelo renovado por las cosas de Dios que o bien se había pasado por alto u olvidado, llegó a ser el fundamento de un cambio social. El arrepentimiento es siempre más que el justo reconocimiento del fracaso. Exige medidas de acción para cambiar de dirección, una que señale hacia la restauración de la relación con Dios. En medio de esta confesión y arrepentimiento, acordaron una serie de pasos que se escribieron en un pacto firmado por el pueblo, los líderes, nobles, sacerdotes, levitas y el gobernador de Judá, Nehemías. El anhelo, el hambre de todos era la invitación de Dios para un cambio.

Hambre De Dios

El hambre de Dios siempre antecede al cambio. Esto se aplica a individuos y a naciones. Tal vez usted defina las etapas iniciales de esta hambre como insatisfacción o descontento con el estado actual de las cosas. Sabe que hay más en esta vida con Dios, pero no sabe cómo o dónde satisfacer este deseo de que algo más lo llene. En algunos casos, no puede verdaderamente definir qué es lo que sucede, pero esa hambre, frecuentemente, se manifiesta a sí misma en lo que yo denomino un descontento santo.

El peligro de este santo descontento es que puede diagnosticarse incorrectamente — como si se tratara de una frustración general con la gente, las situaciones o su hambruna espiritual personal. El diagnóstico equivocado lleva a la aplicación de una solución errada y al potencial de perder la oportunidad del cambio al que Dios quiere atraerlo. El hambre —así mismo— el hambre de tener más de Dios o del deseo de un cambio, es inspiración de Dios, y a menudo se desarrolla a partir de una crisis. Ese descontento santo es en realidad la invitación de Dios a un cambio. Es importante que los líderes reconozcan este fenómeno, no solo en lo personal, sino también en el ámbito organizacional y nacional. El reconocerlo crea la expectativa de que el cambio está por llegar. Lo que apresuró el cambio que se realizaba en Jerusalén fue el hambre del pueblo de restaurar nacionalmente su relación con Dios.

La Oración De Los Sacerdotes

Eruditos y comentaristas creen que fue Esdras quien dirigió la larga oración pública de confesión, intercesión y arrepentimiento. En su oración, él confiesa que no solo la población general se había apartado de la Ley, sino que también sus reyes, líderes, sacerdotes y padres lo habían hecho. Dios dio la Ley como un marco social para las relaciones saludables con Él, y también para con la comunidad, la familia, el gobierno, la economía, la justicia, la educación y la religión. Israel tenía una historia de descuidar la Ley en todas las esferas de la sociedad.

Siempre que los reyes, líderes o sacerdotes descuidaban el marco de Dios para la sociedad, todas estas esferas sociales se deterioraban rápidamente. En Israel no había distinción entre la relación de Israel con Dios y las otras varias esferas de la sociedad. Por medio de la Ley, todas estas esferas se interconectaban con la relación con Dios y entre unos y otros. Por ejemplo, las leyes pertinentes al Sábado abarcaban la fortaleza de la familia, el bienestar de los trabajadores y la salud de la economía, como también la relación de la nación con Dios.[3] Estaban interconectadas en ese entonces, y siguen estando interconectadas ahora.

Cuando los reyes y líderes de Israel descuidaron la Ley, el interés propio, la avaricia y la conveniencia sustituyeron el marco de la sociedad. La justicia y la economía son por lo general las primeras en venirse abajo cuando el gobierno y los líderes empresariales dejan a un lado los principios y contenidos de las Escrituras — y la corrupción no se hace esperar. La oración de Esdras abordó todas las áreas descuidadas, entre ellas el sacerdocio corrupto. La oración de Esdras delante del pueblo atacó la violación del pacto con Dios en todas las esferas de la sociedad y la consecuencia nacional de esta negligencia. Confesión sin puntos de acción es un reconocimiento de la desesperanza. Esdras concluyó su oración seguida de un pacto por escrito firmado por los líderes, incluso Nehemías, los levitas y los sacerdotes como representantes del pueblo para adherirse al marco original de su sociedad.

La Solemnidad Del Pacto

Algo significativo sucedió cuando Nehemías, Esdras y los líderes de Israel firmaron el pacto ese día. Ese pacto no era simplemente un contrato entre las partes, porque los pactos no son contratos. Este pacto era un acuerdo de los firmantes y del pueblo de Judá, firmado y presentado al Señor para Su ratificación. Gente como Nehemías es gente del pacto y, por lo tanto, es necesario tener un mejor entendimiento de la solemnidad de un pacto.

He observado que, en nuestra vida del siglo XXI judíos y africanos parecen tener un mejor entendimiento del pacto que la mayoría de la comunidad eclesiástica occidental en todo el mundo. Si usted le menciona pacto a un judío, la discusión se vuelve seria, porque ellos son el pueblo del pacto. Mencióneles pacto a los africanos, y tendrás la sensación de que entienden las implicaciones del mismo en un ámbito interpersonal, como también delante de Dios. Sin embargo, la comunidad eclesiástica occidental, en general, parece tener poco entendimiento de la naturaleza solemne del pacto y de las responsabilidades correspondientes.

La palabra pacto se usa entre líderes y en reuniones de líderes como si fuera una consigna para toda clase de relaciones. Este simplemente no es el caso. El pacto es la base de la relación de Dios con la humanidad. Es el pegamento de nuestra relación con Él y luego, de unos con otros. A nivel de una relación interpersonal, las relaciones del pacto son la forma más alta de la relación humana. Las relaciones del pacto son profundamente ricas, compromisos de por vida, que llegan con responsabilidades de unos con otros y con Dios. Las Escrituras están llenas de ejemplos, como el de David y Jonatán. Después de su llegada al trono, el rey David desplegó una gran bondad con el hijo incapacitado de Jonatán, Mefisboset. Lo invitaba a su casa a comer regularmente en la mesa del Rey. Esto debido a la responsabilidad del pacto que David y Jonatán habían hecho años antes. Cuando usted descubre el significado del pacto de su vida en el Reino, descubre la esencia del compromiso y de las relaciones a largo plazo.

Intento infundir en usted el deseo de comenzar un estudio del pacto, en vez de darle una disertación teológica sobre el tema. Otros han hecho un trabajo mejor que el que yo pudiera hacer. Durante siglos, eruditos rabínicos han escrito volúmenes sobre este tema. Asher Intrater escribió un excelente libro titulado *Covenant Relationships* [*Relaciones de Pacto*]. Para ser eficiente en su función como embajador del Reino en la sociedad, debe entender lo que pacto significa. Entraré en más detalles posteriormente en este capítulo. Pero primero, déjeme contarle acerca de mi introducción para entender el pacto.

CÓMO UN ESTUDIANTE LLEGA AL ENTENDIMIENTO DE PACTO

Hace varios años me pidieron que hablara durante cuatro semanas sucesivas en una confraternidad de negocios de cincuenta o sesenta líderes empresariales y del gobierno de mi ciudad. El líder del grupo me dijo que hablara sobre un tema a mi discreción. Mi responsabilidad como siempre, fue entonces la de preguntarle al Señor de qué quería que hablara. Parece simple, pero por lo general, significó dedicar horas en oración en busca de la respuesta. Ya mencioné a Charles Finney, el gran evangelista del siglo

XIX, en un capítulo anterior. Finney dijo que hubo dos claves para la unción de Dios sobre sus mensajes: el primero fue obediencia — lleve el mensaje que le han pedido que lleve. El segundo: "…prepare de sobra su Espíritu y prepare menos su mensaje". Dicho de otro modo, dedíquele más tiempo a preparar su espíritu para llevar el mensaje, que el que dedica preparando el mensaje mismo.

Me había preparado para este proceso normal de descubrimiento, pero mientras me alejaba de la reunión con el líder de esa confraternidad, simplemente dije: "Señor, ¿de qué quieres que hable?" No esperaba una respuesta tan inmediata, pero el Señor puso en mi corazón una palabra: "pacto". Recuerdo muy claramente lo que pensé en ese momento. En toda mi ignorancia, me dije: "¿Cómo voy a hablar del pacto durante cuatro semanas?"

A la mañana siguiente, muy temprano, comencé la jornada de estudiar el significado del pacto, que continúa hasta el día de hoy. Después de algunas horas de mi estudio inicial, me postré delante del Señor y le dije: "Señor, ¡perdóname! Este tema es tan sagrado y tan vasto. No soy digno de hablar de él. ¡Por favor, dame otro tema!". No lo hizo, y puse mi mayor empeño con temor y temblor para transmitir lo que estaba aprendiendo. La jornada que había comenzado esa mañana hacia un mejor entendimiento del pacto y sus implicaciones prácticas en mi propia vida, me transformaron. Y cambió a muchos otros que oyeron el mensaje. Esta jornada me hizo un estudioso más humilde, y no la fuente de todo conocimiento y experiencia. Los que cumplen las tareas dadas por Dios en nuestros días, deben no solo entender el pacto, sino apreciarlo en sus propias vidas.

El Pueblo Del Pacto

Gente como Nehemías es un pueblo de pacto. Hay muchas clases diferentes de pacto en las Escrituras, aunque nos enfocaremos en algunos temas comunes del pacto. A continuación, algunas cosas que debe considerar al comenzar su jornada:

- El pacto no es un contrato sino una alianza, o acuerdo, entre partes que se suscriben a las promesas, estipulaciones, privilegios y responsabilidades del pacto. Los contratos tienen cláusulas de salida; los pactos, no.
- El pacto del Señor (hecho aquí con Nehemías, Esdras y los líderes) es un acuerdo mediante el cual se convoca solemnemente al Señor para que sea testigo y valide la transacción. Es un compromiso solemne, vinculante delante del Señor.
- El pacto es el pegamento que nos mantiene en relación con el Dios Soberano. Es una fuente constante de asombro, si consideramos que el Gobernante Soberano del universo se obligó a sí mismo a guardar los términos de Su pacto con la humanidad. En algunos casos, su obligación es incondicional: "Lo haré, no importa lo que tú hagas". En otros casos, es condicional: "Si tú haces esto, yo haré eso".
- Por el pacto, Jesús murió en la cruz. El pacto de Dios con la humanidad requería que el Cordero de Dios derramara Su sangre.
- El pacto nos hace penetrar en uno de los elementos del carácter de Dios. Dios guarda Sus pactos, y los que lo sirven a Él y a Sus propósitos deben también ser guardadores del pacto.

- Los pactos tienen signos. En el pacto matrimonial el signo es el anillo. En el pacto de Abraham, el signo fue la circuncisión. En el Antiguo Testamento, uno de los signos del pacto es la división de un animal (un becerro o un cordero). Las partes del pacto pasarían entre las partes del animal, caminando por sobre la sangre. En ocasiones, el signo era compartir una comida. Algunas definiciones hebreas para pacto son "cortar", "comer, o consumir".
- La palabra pacto aparece más de trescientas veces en las Escrituras. Por lo tanto, es un tema importante en ellas.
- Incluso un conocimiento básico del significado de pacto hará que cambie su manera de leer las Escrituras.
- Las relaciones de pacto son alianzas que usted tiene en su vida para determinar la validez de su llamado. Los líderes caen de la gracia cuando se aíslan de las relaciones del pacto con otros líderes afines, de igual nivel.

Las Medidas De Acción

Se llevaba a cabo un avivamiento nacional, y era el resultado directo del orden divino producido por Nehemías y Esdras — dos hombres, llamados por Dios, que trabajaron en alianza mutua para cumplir los propósitos que Dios tenía para una nación. Las vidas de estos dos hombres habían sido moldeadas y formadas por Dios con este propósito. Cuando se unieron para ese propósito, no hubo rivalidades mezquinas, ni territorialismo, ni egos engrandecidos. No hubo un exagerado sentido de prepotencia que obstaculizara el trabajo para el que habían sido unidos. Dios juntó a estos dos hombres y ellos trabajaron dentro de sus esferas respectivas para cumplir sus metas con honor, integridad y respeto mutuo. La autoridad que Dios le dio a cada uno de ellos, les permitió reunir a todo Judá para convenir un pacto.

Estas son las características de la clase de alianzas que producen frutos duraderos en nuestros días, ya se trate de transformar una organización, un ministerio, una ciudad o una nación. La humildad debe ir acompañada del conocimiento de cuál es su lugar y responsabilidad. En nuestros días, los líderes más eficientes (en la iglesia, el gobierno o los negocios), son aquellos cuyo enfoque primario es la construcción del Reino de Dios, y no su propio reino. Cuando eso sucede, los recursos ilimitados del Reino están disponibles. Usted puede esperar una manifestación sobrenatural de recursos y las alianzas ordenadas por Dios con personas afines, de altos índices de integridad y compromiso con usted y sus propósitos.

Cuando usted se interesa más en construir su propio reino, se limita a los recursos que usted puede arreglar por su cuenta. Busca a otros que se alineen con usted para que lo ayuden a avanzar su propia agenda o ambición. Construir su propio reino significa que las personas con la que usted se alinea, en términos generales, están buscando también construir sus propios reinos. Estas alianzas se caracterizarán por bajos índices de compromiso e integridad y altos índices de ambición personal.

ALIANZAS

¿Qué clase de alianzas se forjan en nuestras respectivas ciudades y naciones que establezcan las condiciones para que Dios haga lo que hizo en Jerusalén y Judá? ¿Cómo serán en el siglo XXI? Como creyentes, en esta generación, no estamos bajo la Ley que orientó mucho de lo que sucedió en los días de Nehemías. Sin embargo, hay principios de virtud y ética que siguen siendo válidos para cualquier generación, y son ciertamente válidos para un creyente del Nuevo Testamento. Hay alianzas de líderes de igual nivel desarrollándose en todo el mundo con el propósito de establecer nuevos paradigmas con la perspectiva del Reino. La tecnología ha creado alianzas con individuos afines como nunca antes. Una simple llamada por Skype me comunica con amigos en casi cualquier lugar del mundo. Gente como Nehemías funciona como líderes y reformadores, pero nuestra mayor fortaleza proviene de las Alianzas del Reino de igual nivel. Veamos algunas de las características de alianzas de esta naturaleza:

- De Igual Nivel: líderes de corazones semejantes con llamados similares.
- Estratégicas: alianzas de hombres y mujeres que se desempeñan en las esferas de los negocios, la educación, el gobierno y el ministerio, que son atraídos a la relación debido a las metas estratégicas enfocadas en el Reino.
- Visión Mutua: una visión común para establecer asuntos y principios en la cultura de organizaciones, ciudades y naciones que traerán la bendición de Dios.
- Respeto Mutuo: honor y respeto hacia los dones y talentos singulares de cada persona, creando relaciones horizontales en vez de verticales.
- Acuerdo: acuerdo en los valores centrales que proporcionarán el marco de esta alianza.
- Relaciones De Pacto: estas alianzas se enmarcan dentro de un compromiso con el pacto.

Alianzas como estas ayudarán a que haga esas pequeñas correcciones de apenas un grado en el curso de la vida, que son necesarias para que todos nos mantengamos en la trayectoria para cumplir la tarea del Señor. Alianzas de esta naturaleza le darán a usted una dispensación especial para enhebrar la sabiduría de Dios en las vidas de los demás. Estas clases de alianzas, porque están unificadas en propósito, funcionan según el principio de unidad y afirmación. Un pastor amigo tiene una frase que ha expresado por años: "El lugar de la unidad es el lugar del poder". Hay gran poder en líderes de igual nivel unificados, enfocados en los propósitos de Dios.

Capítulo 11

Restaurar, Reformar, Reenfocar

Cuando llegó el momento de dedicar la muralla, buscaron a los levitas en todos los lugares donde vivían, y los llevaron a Jerusalén para celebrar la dedicación con cánticos de acción de gracias, al son de címbalos, arpas y liras… Luego hice que los jefes de Judá subieran a la muralla, y organicé dos grandes coros…

Nehemías 12:27, 31

El gobierno de Judá lo dirigía un hombre que Dios había nombrado para que extendiera Su bondad a Su pueblo. Ese hombre adecuadamente ejerció la influencia dada por Dios para restaurar, reformar y reenfocar a la sociedad en los asuntos y principios de la Ley de Dios para que Judá estuviera situada para recibir la bendición de Dios. Su influencia produjo orden en el gobierno y justicia para los que no tenían ninguna. Restauró la esencia del comercio y la economía, ahora bendecida, no maldecida. Los principios de la Ley de Dios estaban profundamente arraigados en su liderazgo, así que lo que él les pedía a otros que hicieran, él mismo lo practicaba. Por ser un ejemplo personal de generosidad, restauró el sistema de apoyo económico adecuado para los sacerdotes y los levitas para que pudieran desempeñar efectivamente sus funciones en la sociedad. Cuando el orden divino establecido por Nehemías ya estaba instaurado, los recursos comenzaron a fluir sin trabas. Los habitantes de la tierra ahora vivían bajo la constitución que siempre los había separado de las naciones vecinas: la Ley de Dios.

Después de generaciones de caos, la restauración se estaba realizando, aunque requirió de todos estos elementos de la sociedad bajo el liderazgo adecuado para llegar a este punto. Esto fue, en realidad, una Convergencia Divina nacional. Ciertamente, Dios emplea a personas para que implementen Su obra en la tierra. Usa a personas con defectos; usa al pobre y al rico. Usa a empleados y a empleadores, a obreros y constructores, a soldados rasos y generales, a mamás y papás, a niños y adultos, a personas con cualificaciones impresionantes y a personas sin ellas. Usa a personas que hagan pequeños trabajos y grandes trabajos. Usa a los que están dispuestos y los califica como Sus embajadores. En la reconstrucción de la muralla, Dios usó a todos los anteriores, y el milagro de reconstruir la muralla fue el comienzo de muchos otros milagros en esa sociedad, que se reenfocó en el Dios del universo. La culminación de la obra de Dios, hasta aquí, fue la dedicación de la muralla para que entrase en este nuevo capítulo de su historia.

PUREZA EN EL LIDERAZGO

La pureza es una de las características de Gente como Nehemías — pureza de motivos en la toma de decisiones, de propósito y de intención. Esta clase de pureza es una de las calificaciones principales para un liderazgo transformacional. El liderazgo del Reino efectivo y el adecuado ejercicio de la autoridad dada por Dios significan que usted no demanda que el enfoque recaiga sobre usted, sus logros o su persona. Si está en una posición de prominencia e influencia, entonces ejerza la autoridad que se le ha concedido con plena confianza, ¡pero ejérzala por motivos puros!

Con frecuencia los predicadores dicen: "Estoy predicando este mensaje ante la audiencia del Único". Usted está ejerciendo la autoridad dada por Dios como embajador y representante de ese mismo Único. El principio es el mismo, aunque el contexto sea diferente. Si ha recibido la autoridad para dirigir o servir como representante de Dios, hágalo entonces con amabilidad, confianza, visión, autoridad y honor. El honor es siempre un elemento esencial del liderazgo del Reino, y la exhibición más notable de honor la vemos en el Capítulo 12.

¿Por Qué Dedicar Un Proyecto De Construcción?

¿Por qué dedicarían los judíos una muralla? ¿Por qué dedicar al Señor un objeto inanimado como este? ¿Qué significa una dedicación? Si esta muralla se le entregó a Dios, ¿qué posible uso le daría Él a un proyecto de construcción terminado? El templo reconstruido, por supuesto. Él habría tenido gran interés en eso, ¿pero en una muralla alrededor de una ciudad? Todas estas son preguntas válidas que pueden hacerse, pero creo que la respuesta fue que Nehemías tenía una mejor comprensión de lo "sagrado" de la que tiene la mayoría de nosotros en el siglo XXI. De una forma muy real, este es un cumplimiento parcial de la profecía de Jeremías en el Capítulo 29, versículos 11-13:

> *"Porque yo sé muy bien los planes que tengo para ustedes afirma el Señor, planes de bienestar y no de calamidad, a fin de darles un futuro y una esperanza. Entonces ustedes me invocarán, y vendrán a suplicarme, y yo los escucharé. Me buscarán y me encontrarán cuando me busquen de todo corazón."*

DEDICACIÓN

La dedicación era tan importante entonces como lo es hoy. Debe ser parte de la vida para todos nosotros. Personalmente he dedicado negocios de mi propiedad o que he gestionado, mi futuro, mi familia y mis hijos, mi casa, mi vehículo, proyectos de construcción y la lista sigue. Dedicación significa que no retenemos la propiedad de los resultados del trabajo. Es un reconocimiento de Su gracia, y tenemos el privilegio de ser parte de ella. Estamos sometiendo, consagrando, separando nuestras vidas, nuestros destinos, nuestras familias, empresas o carreras para que el Señor use todo para Sus propósitos, como Él quiera, cuando Él quiera. Dedicación al Señor no es una oración vaga, vacía. Dedicación al Señor significa que Él controla los resultados.

Participé en una empresa conjunta con un amigo en un proyecto de construcción de una costosa residencia. No teníamos un comprador y la construimos especulativamente, en un mercado sólido en ese entonces. Siempre he tenido el hábito de dedicar cualquier proyecto al Señor y ese fue el caso con esta casa. El lote había sido limpiado y los camiones mezcladores de concreto estaban en el sitio, vertiendo los cimientos del proyecto. Caminé por el sitio, me arrodillé, levanté las manos al cielo y oré en voz alta (por encima del zumbido de los camiones mezcladores) diciendo lo siguiente: "Señor, te dedico este proyecto hoy. Te pido que seas Tú el que escojas a los que quieres que compren esta casa. Que esta sea una casa donde residan Tu paz y Tu salvación. Que sea un lugar donde uno de Tus siervos habite. Si el comprador no te conoce, permite que él llegue a conocer a Jesús. Bendice a los subcontratistas que trabajan en este proyecto. Bendice a mi socio y todo lo que ocurra en este lugar, Señor".

La casa era hermosa y era evidente que la mano de Dios estaba en el proceso de construcción. Casas como esta escasean y la demanda era alta, así que esperaba una venta rápida y una ganancia generosa para nuestra asociación. Tenía el precio razonable y su belleza inmediatamente atrajo mucha atención, pero no compradores. Todo lo que oíamos de los corredores de bienes raíces era: "¡Esto es un verdadero rompecabezas! Se muestra continuamente, a todos les encanta la casa, pero no hay ofertas. Nunca habíamos visto algo parecido". Transcurridos ocho meses de haberse terminado, una pareja nos presentó un contrato muy bueno. Él era un antiguo ministro del gabinete de un dictador árabe occidentalizado y ella una mujer árabe de negocios, rica, influyente. Ambos eran musulmanes.

Ya había olvidado mis oraciones de dedicación pronunciadas al comienzo del proyecto cuatro años y medio antes, pero Dios no las había olvidado. Tres años después de que cerráramos el trato y tomaran posesión de la casa, la mujer vino a mi oficina y le preguntó a una de mis empleadas si podía hablar conmigo. Esto fue lo que me dijo: "Paul, sé que usted es un creyente en Jesucristo, así que tenía que venir a contarle lo más hermoso que me ha pasado desde que nos mudamos a nuestra hermosa casa. ¡He conocido a su Jesús!". En un instante me sobrecogió la emoción, pero recordé inmediatamente cada palabra de la oración de ese día. Cuando le conté a ella cuál había sido mi oración de dedicación, rompió a llorar ante la soberanía y bondad de Dios.

Mientras reflexionaba sobre ese milagro me percaté de que las palabras que había pronunciado ese día llegaron al trono del Señor, y Él de inmediato actuó. Guardó la casa para la persona que Él había escogido, tal como yo había orado. No entendía realmente el significado de mi oración ni el peso de la dedicación, pero oré, no obstante. Mis palabras no fueron insignificantes ni vacías, las suyas tampoco lo son.

Tienen gran peso para los que son ciudadanos de Su Reino, tanto como el peso que tiene el ciudadano de una nación. Tengo que creer que, en ese momento de mi oración, el Señor mantuvo a todos los compradores potenciales en espera. Le pedía al Señor que escogiera a los residentes, y Él así lo hizo. Le pedí que si no lo conocían a Él cuándo se mudaran, que llegaran a conocerlo. El resultado fue esta mujer sentada en mi oficina. Le dediqué al Señor un objeto inanimado, un proyecto de construcción, si le parece, pero Dios aceptó esa dedicación y la usó para Su gloria.[1]

Significado De La Dedicación

Sí, la dedicación es importante para nosotros personal y corporativamente. Es importante para los que tienen la autoridad para dedicar familias, colegios, ciudades, empresas, gobiernos y naciones al Señor. Si usted construye o compra una iglesia nueva, sus pastores no pensarían en mudarse a ella sin primero dedicarla al Señor.

Sin embargo, este concepto parece bastante extraño para personas que funcionan fuera de las paredes de la iglesia. ¿Podría ser la consecuencia involuntaria de la mentalidad sagrada/secular? Tal vez lo sea, pero es un descuido que debe abordarse para que la actividad sobrenatural del cielo pueda activarse en Su nombre y en nombre del pueblo que Dios tanto ama.

Lo que usted le dedique al Señor, Él lo guardará. Lo que usted le ofrezca a Él, Él lo recibirá. Él no le arrebatará cosas de sus manos, ni luchará con usted por el control de nada —¡de nada! Siendo un joven creyente quise tener el control de algunas cosas y luchaba con el Señor por esto. Para mí, lo correcto era que yo tuviera el control. El Señor me planteó la cuestión un día: "Hijo, solamente un par de manos puede sostener eso. Por lo tanto, será tuyo o mío".

Si usted trabaja en una agencia gubernamental o en una empresa, dedíquela al Señor. Su familia, sus hijos y nietos, su matrimonio y su carrera, dedíquelo todo al Señor. Organizaciones, proyectos, ciudades o naciones — es adecuado dedicarlos al Señor. ¡Dele a Él algo con qué trabajar! No importa qué tan absurdo pudiera parecerle, para el Señor no lo es, y es perfectamente adecuado que así lo haga. Es el comienzo de algo que tal vez no se materialice en seguida, en los próximos diez años o en las generaciones venideras, pero sí se materializará. Cuando usted ora, sus palabras llegan al trono de Dios y Él establecerá acontecimientos, personas y recursos para actuar en ellos. Es una lección y acción significativas para Gente como Nehemías, porque inicia la tan necesitada mano sobrenatural de Dios en todas las actividades que lleven a cabo.

Santidad De La Dedicación

Nehemías entendió el significado, la santidad y la necesidad de dedicar la muralla de Jerusalén. Gente como Nehemías, para poder cumplir la voluntad de Dios, también debe entender la santidad de la dedicación. En este caso, lo que se dedicó fue un objeto inanimado que fue sancionado por Dios para que Su pueblo pudiera vivir con seguridad y protección. En primer lugar, nombró a Esdras para que colocara el fundamento espiritual. En segundo lugar, envió a Nehemías como Su embajador para reconstruir las murallas y establecer una cultura bíblica de comercio, justicia y gobierno que había sido descuidada por generaciones.

En nuestra generación usted será más eficiente cuando entienda que cada aspecto de la cultura que Dios bendice, independientemente de su aspecto, prosperará de acuerdo con Su definición de prosperidad (no según las doctrinas de los hombres). Quiere decir que la iglesia florecerá porque los negocios florecerán, porque el gobierno aprobará leyes que le permitirá hacerlo, porque la gente elige a hombres y mujeres virtuosos que la represente y porque debido a esto, el pueblo vive seguro y protegido, libre de corrupción, de intimidación y de opresión. Esta ha sido siempre el designio de Dios para una sociedad que opera bajo su bendición.

LA MURALLA

Tal vez se esté preguntando: "¿Podría ser esta otra ceremonia religiosa iniciada y organizada por los sacerdotes?". No sabemos quién inició esta dedicación, pero es evidente por los versículos que aparecen al comienzo de este capítulo, que Nehemías estuvo organizando todo. Hay eruditos que dicen que obtenemos los detalles de este evento gracias a la memoria personal de Nehemías, porque se trata de una narración en primera persona.[2] Las propias palabras de Nehemías nos ofrecen un ejemplo de verdadero honor, igualdad de liderazgo, pureza de corazón y el compromiso con el Señor y Sus propósitos, características que constituyeron gran parte de esta nueva generación de liderazgo. Entonces, ¿para qué dedicar una muralla?

Dios tuvo el plan de restaurar el orden en Jerusalén y Judá y eso incluía el acontecimiento importante de reconstruir la muralla de la ciudad. Era entonces apropiado que lo que Dios sembró en el corazón de Nehemías ese día, en las calles de Susa, fuera dedicado a Él y santificado en las mentes y corazones del pueblo. La muralla reconstruida proporcionaba un ambiente seguro y protegido para Su pueblo en la ciudad que lleva Su nombre.

A Jerusalén se le denomina "La Ciudad De Nuestro Dios".[3] Dios desarrolló el corazón del hombre a través de su servicio a un rey, y Él nombró al liderazgo para construirla. Su favor para con el líder que había nombrado, liberó los recursos del Rey de Persia para realizar esa obra. Gracias a la mano protectora de Dios, bajo condiciones adversas, llegó a su término. Este momento de dedicación justamente enfocaba la atención de todos en el Dador de todo bien. Esta dedicación de lo que se ha llegado a conocer como la Muralla de Nehemías, ilustra los requisitos del corazón para quienes obtendrían la aprobación y apoyo de Dios en los próximos días.

DOS GRANDES COROS

En el texto que aparece al comienzo del capítulo, Nehemías nos narra que nombró dos grandes coros. También invitó a líderes, sacerdotes y levitas junto con cantores y músicos para que subieran a la muralla para la dedicación. Un coro marchaba hacia la derecha y el otro hacia la izquierda. Cada coro iba seguido de una gran procesión de nobles y líderes de Judá. La procesión de la izquierda era dirigida por Nehemías, el hombre que había organizado esta dedicación y que había sido fundamental para muchas de las cosas buenas realizadas en Judá, bajo su liderazgo. Siguió al coro, pero dirigió la mitad de la procesión de líderes, nobles, sacerdotes y levitas. En toda la cuidadosa preparación que hizo Nehemías de esta gran celebración y dedicación, él observa un hecho importante acerca de quién iba al frente de la procesión de la derecha: *"Al frente de ellos iba Esdras"*.[4]

Este piadoso anciano que había sido tan influyente para establecer el orden en el templo, en el sacerdocio y en la sociedad como un todo, había sido perfectamente nombrado por Nehemías para ocupar esta posición de honor y dirigir la procesión que seguía al coro de la derecha. Esdras era mucho más que una figura decorativa. Era estimado como sacerdote y erudito que había entregado toda su vida al estudio de las Escrituras y se dedicaba a enseñársela al pueblo para que este pudiera seguir después los caminos de Dios. Esdras fue un elemento primordial en el avivamiento realizado. Era pues justo que un sacerdote de la estatura y experiencia dirigiera la procesión, y merece la pena anotar que Nehemías lo entendió así.

Este arreglo nos hace profundizar en lo que es una actitud de honor que debe ser parte del carácter y propósito de Gente como Nehemías. Nehemías no señaló a Esdras para guiar la procesión por conveniencia. Lo hizo porque era lo correcto y apropiado. Nehemías dirige la procesión de la izquierda y Esdras la de la derecha: esto nos hace evocar imágenes del orden divino de Dios, tan numerosas que no pueden transcribirse en las pocas páginas de un libro. Los coros ocuparon sus sitios en el templo y continuaron cantando himnos de alabanza y adoración en un momento de tal alegría y gozo que Nehemías dijo: "... el regocijo de Jerusalén se oía desde lejos".

Sin lugar a dudas este fue un tiempo de gran celebración y alabanza para toda la comunidad, después de ciento cuarenta y dos años de sufrir las consecuencias del cautiverio en tierras extrañas, para una gente que no había entendido ni aceptado su ADN como pueblo. La meta de la celebración no fue disfrutar una fiesta en toda la ciudad, sino tener un tiempo de dedicación, de celebración, de adoración y alabanza. El centro de todo era honrar a Dios, no el de crear estímulo y animación en el pueblo. La celebración y el gozo son los resultados de la adoración, la alabanza y la presencia de Dios; no son la meta. Me pregunto si el gozo y la acción de gracias abrumadores expresados por el pueblo por la bondad de Dios — esas expresiones en voz alta de cánticos y alegría con las que todos estamos familiarizados — las escucharon Sambalat y todos aquellos que tan resueltamente se oponían al trabajo de Nehemías. Alabanza, adoración y celebración de parte del pueblo que se congregó para declarar la bondad de Dios siempre parece ser una gran fuente de irritación para el impío, pero de gran fortaleza para los que conocen a su Dios. El gobernador de Judá no pudo expresarlo mejor: "... *el gozo del Señor es nuestra fortaleza*".[5]

El Protocolo De La Adoración

Los cantores, sacerdotes y Levitas siguieron con todo detalle los patrones de la adoración conforme a los cuales el centro sería honrar a Dios. Nehemías observa en el texto que los cantores y músicos fueron diligentes en su trabajo: "la alabanza y acción de gracias, según lo establecido por David, hombre de Dios".[6] ¿Qué mejor modelo para alabar y adorar que el rey David, un hombre según el corazón de Dios? Este fue el rey que, como cabeza de estado, danzó delante del Señor en las calles con mucho entusiasmo, moviéndose y dando vueltas lleno de gozo porque el Arca del Pacto regresaba a Jerusalén.[7]

Hay denominaciones que dicen: "Nosotros no alzamos las manos". Otras: "Levantamos las manos". Algunos dicen: "Cantamos del himnario". Otros se paran, otros se sientan. Hay quienes no creen en tocar instrumentos, otros sí lo creen. Algunos no creen en instrumentos eléctricos, y la lista sigue y sigue. Varias de estas actitudes se fundamentan en lo que nos hace sentir cómodos. Me parece a mí, que las verdaderas preguntas que deberíamos formularnos son: "¿Qué clase de adoración acepta Dios?", y "¿qué protocolo debemos tener para crear el ambiente donde Dios se sienta lo suficientemente cómodo para darnos la gracia de Su presencia?". La palabra griega para adoración significa "postrarse en homenaje, dar reverencia a alguien, adorar". [8]Si esta es la clase de adoración que es aceptable, y cómoda y placentera para Dios, entonces debemos reconsiderar nuestros propios niveles de comodidad.

El Regreso De Nehemías

Después de doce años como gobernador de Judá, Nehemías regresó por algún tiempo al rey de Persia. Al volver a Jerusalén descubrió que los líderes y el pueblo habían descuidado su compromiso con el Señor. La gente no pagaba los diezmos. Por consiguiente, los Levitas y cantores habían regresado a sus propios campos para conseguir su propio sustento. El trabajo en el templo estaba desatendido. Nehemías de inmediato abordó esta situación y la provisión les fue restablecida para que pudieran realizar sus deberes ante el Señor.

Comerciantes extranjeros, como también los líderes judíos, conducían transacciones comerciales el Sábado, violando el compromiso que habían hecho bajo el liderazgo de Nehemías. El comercio se hacía el Sábado y los residentes de Jerusalén laboraban ese día profanando así ese día. Nehemías reunió a los líderes, llamó a cuentas al pueblo y restauró el orden divino. Ordenó que cerraran las puertas el Sábado y amenazó a los comerciantes que esperaban afuera con apresarlos si persistían. Luego colocó a levitas para que montaran guardia en las puertas, con órdenes estrictas de observar el Sábado.

Eliasib, el sacerdote, había preparado una habitación para Tobías el amonita en los atrios del Templo. A su regreso, Nehemías reprendió a Eliasib, ordenó la limpieza de la habitación e hizo sacar todas las cosas de Tobías. Tenía toda la autoridad como embajador del Señor para hacer que los habitantes mantuvieran la norma que había acordado, la que había fijado el Señor. Como ya debe saberlo, Gente como Nehemías no solo establece el orden de Dios, sino que defiende ese orden para beneficio de la sociedad en general.

La historia ha registrado muchos ejemplos de hombres y mujeres que han realizado cosas significativas. Conocemos a algunos, pero no a la gran mayoría. Prominencia y gran visibilidad ante los ojos de la gente es a veces un indicador de la habilidad para influir en acontecimientos, aunque no siempre. A menudo, hemos descuidado o malentendido los modelos de carácter y unción que Dios nos ha dado para nuestro propio perjuicio y de la sociedad en general. Es función de Gente como Nehemías brindar la influencia y el liderazgo adecuado que debe incluir el ser mentores para la próxima generación, para así terminar con este descuido y restablecer el orden divino de Dios.

Capítulo 12

El Reto

…Acuérdate de mí, Dios mío, y favoréceme.
Nehemías 13:31

El viaje que hemos emprendido juntos a través de las hazañas impresionantes de este hombre Nehemías puede conducirnos a resultados peligrosos si nos olvidamos de cuál es el núcleo, el corazón, del mensaje de Dios. Las proezas de liderazgo de Nehemías y su compromiso con los propósitos de Dios en sus días, han sido objeto de disección, de sermones y análisis por parte de predicadores y de presidentes por igual. ¿Dónde radica entonces el peligro?

El peligro de estudiar el Libro de Nehemías es que podemos alejarnos de su mensaje y desaprovechar el reto que le presenta a nuestra generación. Podemos prestar oídos sordos al toque de trompeta que nos llega hoy. La vida de Nehemías puede ser tan extraordinaria, que podemos ponerle el "aurea de héroe", y por consiguiente, creer la mentira de que estos logros fueron para otra época, para un hombre "especial", o para unos tiempos o una cultura en ese entonces menos complicada.

Podemos engañarnos a nosotros mismos pensando que la historia de Nehemías ya no tiene vigencia. Podemos convencernos de que es simplemente una gran lección de historia, pero que hoy es una quimera para la gente común y corriente. Cuando creemos este engaño, es mucho más fácil aceptar el estado actual y acomodarnos a una cultura que cada vez se está tornando más hostil para la gente de Dios. Gente como Nehemías ha nacido para defender y establecer los propósitos de Dios.

La genialidad del liderazgo dinámico en el Libro de Nehemías se le atribuye a un Dios Soberano que decide trabajar a través de un hombre común — alguien que tuvo la disposición y el compromiso. La disposición y el compromiso de Nehemías para con los propósitos de Dios no comenzaron aquel día en las calles de Susa (cuando por primera vez supo del sufrimiento de los judíos). Estas características eran parte sustancial de Nehemías mucho antes del momento en que se activaron. Su disposición y compromiso con Dios lo calificaron para el largo proceso de estar posicionado de manera singular para implementar una estrategia de cambio en su generación.

No se impaciente en su devoción a las cosas de Dios en su propia vida. Haga que las prioridades de Dios sean las suyas propias. Ame todo aquello que Dios ama, y sea paciente con el proceso de posicionamiento. Quien esté dispuesto a servir como uno de los embajadores de Dios en nuestro tiempo, tiene que esperar el nombramiento. Usted no puede hacer campaña para conseguirlo, ni negociarlo, ni promoverse a sí mismo para alcanzarlo. Solo puede ser fiel hoy y mañana, a la obra que Dios ha puesto delante de usted.

Decisiones Correctas Y Motivos Correctos

Nehemías debía tomar una serie de decisiones correctas, con los motivos correctos para tener éxito, y así lo hizo. Gente como Nehemías de nuestra generación también debe tomar las decisiones correctas y exhibir los motivos correctos. Lo que es evidente es que Dios todavía usa personas de quienes menos se piensa para resolver asuntos sociales que parecen imposibles. Él tiene las soluciones, y se las da a hombres y mujeres que están surgiendo como líderes fuera de las paredes de la iglesia.

La percepción y el entendimiento de la santidad de esta función en la sociedad están creciendo en todo el mundo. A igual que Nehemías, Gente como Nehemías de nuestra generación no le pone precio a su influencia o liderazgo. No venderá (por egoísmo o dinero) lo que Dios les ha dado a ellos para que lo usen para Sus propósitos.

EL RETO DE NUESTRO DÍA

Tal parece que nuestra generación tiene una serie de retos globales muy particulares. Sabemos que todo debe ser mejor, pero de alguna manera, no lo es. Sabemos que el gobierno debe ser más de lo que es, pero de alguna manera, no estamos bien seguros de lo que debe ser. Hemos aceptado como algo normal el flujo continuo de liderazgo político ineficiente, de grandes promesas y poca memoria después de las elecciones. En algunos casos, la intimidación nos conduce a la inacción y a la falta de participación en el proceso político en el que debíamos ejercer nuestra influencia. Hemos aceptado la visión miope de ese proceso como "esto es así". Se anhela contar con hombres y mujeres de principio, de carácter, que tienen la unción de Dios y han sido colocados en cada nación y cultura por la mano soberana de Dios para que le sirvan como Sus agentes de cambio.

También parece que las empresas deben ser dirigidas con un nivel mucho más alto, pero da la impresión de que a ese nivel falta por definirlo. Entendemos algunos de los principios de negocios en las Escrituras, pero luchamos para hacer la conexión pertinente entre lo que dicen las Escrituras y nuestra vida cotidiana en el siglo XXI. Hay voces que Dios ha provisto para nuestra generación y que nos están retando para que dirijamos nuestras empresas desde una plataforma radical de confianza en Dios. Da la impresión de que el sonido de esas voces es acallado por el ruido fuerte de otros que abogan por una falsa prosperidad o una cosmovisión egocéntrica. Hemos aceptado la situación actual del mundo empresarial y nos hemos convencido a nosotros mismos "de que esto es así". Sin embargo, muchos anhelan que haya más, y ese anhelo — ese "descontento santo" que usted pueda sentir, es su invitación a participar en el cambio que se avecina.

A Dios no le escasean las soluciones. Cuando uno de Sus emisarios es colocado en un puesto de influencia, a nosotros nos corresponde reconocer a esa persona como un don que Dios nos ha enviado, incluso si esa persona, hombre o mujer, tal vez no se parezca a la idea que tenemos de cómo debería ser. Nos sorprenderá ver a los que Dios escoge. Probablemente no tengan las credenciales que a nuestro juicio son importantes, porque Dios evalúa las credenciales de otra manera. Sería un error que hiciéramos caso omiso de este don que Dios ha escogido para nosotros, y escogiéramos a Saúl y no a David. Dios promoverá a Gente como Nehemías porque ha colocado en ellos la respuesta a los males sociales de nuestros días.

Muchas naciones vienen luchando con los serios asuntos económicos que nos acosan hoy, pero una economía saludable no es la respuesta a los problemas del mundo. Se ha acusado a la iglesia de no ofrecer soluciones coherentes a estos problemas.[1] Y creo que es así, porque no se supone que la institución de la iglesia tenga soluciones coherentes: es usted. Dios tiene las soluciones y Él las implementará por medio de hombres y mujeres con el llamado para servir en la función de Gente como Nehemías, que trabaja para extender el Reino de Dios más allá de la iglesia.

Un llamado de esta naturaleza no procede de las aspiraciones que usted tenga de estar en un lugar de influencia, sino más bien de su compromiso de obediencia y servicio. No es asunto de escalar a lo más alto de la sociedad. Se trata de aceptar el llamado que Dios le hace de ser uno de Sus embajadores. Las soluciones que el mundo tan desesperadamente busca las encontrará en su liderazgo, cuando usted practica la obediencia y la fidelidad a las leyes de Dios y escucha Su voz.

GENTE COMO NEHEMÍAS EN LOS NEGOCIOS

Hay en los negocios el despertar de una nueva generación de hombres y mujeres que no se inclinan antes el dios de las riquezas, ni sucumben ante las presiones enormes de un sistema de comercio corrupto. Estos hombres y mujeres de negocios no sienten confusión acerca de su llamado a los negocios o a los propósitos de Dios que trabaja a través de ellos. No se suscriben a la idea de que porque tienen un MBA (Máster en Administración de Empresas) o una pasión por los negocios son relegados a una condición secundaria en el Reino. Comienzan a entender que sirven a Dios los siete días de la semana. Por lo tanto, estos mismos dones del Espíritu de los que habla el apóstol Pablo, los tienen disponibles de lunes a sábado en el lugar de trabajo, no solamente el domingo.

Estos hombres y mujeres predican sus sermones todos los días de la semana desde el púlpito de sus negocios. Son personas de honor e integridad que emplean sus dones de liderazgo, influencia, administración y servicio de corazón para que los propósitos de su Rey avancen en esta generación. Esta es Gente como Nehemías en la esfera de los negocios, que está despertando a su responsabilidad y llamado en todo el mundo.

Ya sea en su púlpito o en su negocio, usted tiene acceso a toda nación y cultura sobre la tierra. Está invitado a culturas donde no pueden ir misioneros, así que haga lo que Jesús nos dijo que hiciéramos — ¡ir a toda nación a hacer discípulos! La sabiduría y el espíritu empresarial que se le ha dado podrá usarlo para que grandes masas de gente salgan de la pobreza al enseñarles destrezas prácticas de negocios. Como Booz, el pariente que redimió a Rut; el rico e influyente dueño de tierras y agricultor; y antepasado de Jesús — usted tiene un destino profético.

No acepte las palabras que he escuchado salir de labios de tantos hombres y mujeres de Dios en todo el mundo: "la corrupción es parte de nuestra cultura", porque su destino tiene que ver con cambiar la cultura, no acomodarse a ella. Usted no se inclinará a los deseos egoístas de carrera o ambición, porque su vida está destinada a un propósito que va más allá de su propio ser. Donde otros promueven y acomodan la injusticia, las prácticas administrativas represivas, la corrupción y los salarios arbitrarios, usted establece justicia en medio de esa oscuridad. Es a través suyo que la creatividad de Dios está vertiendo innovación sobre la tierra hoy, así que sea un canal de Su innovación, no un contenedor.

Realmente, el Evangelio del Reino puede predicarse a todas las naciones desde su púlpito. Gente como Nehemías en los negocios, ustedes están llamados a un llamado más alto como siervos de Dios Altísimo. ¡Sigan su llamado con confianza!

Gente Como Nehemías En El Gobierno

Hay una generación de hombres y mujeres llamados a ser Gente como Nehemías en el gobierno y la política, que no venderán su influencia o aprobación por un soborno o un donativo de campaña. Les preocupa menos su imagen ante las multitudes, y más su imagen delante del Único. Su sabiduría profética y servicio a la gente de su nación se revisten de integridad y de un temor reverencial de Dios. Estos hombres y mujeres caminan en la humildad y favor de Dios, como emisarios del Reino. Entienden la santidad del llamado al gobierno, incluso cuando otros no lo entienden. No consideran que la santidad de este llamado sea menos honroso o menos valioso a los ojos de Dios. La responsabilidad que tienen dada para servir a Dios y a su nación, la llevan siempre presente.

Al igual que Daniel, el gran profeta de la Biblia que trabajó toda su vida adulta en el gobierno, usted está siendo colocado en posiciones influyentes en todo el mundo para llevar el barco del estado a puerto seguro. El miope dice: "Manténgase alejado del gobierno porque es corrupto". No obstante, usted ha recibido el entusiasmo y la unción para ser luz en la oscuridad a través de su percepción profética. Usted es inmovible en cuestiones de integridad y justicia y su deseo primordial es el bienestar de la gente a la que sirve.

Gente como Nehemías en el gobierno, nosotros confiamos en ustedes para restaurar el orden divino de Dios en la sociedad por medio de su gran llamado. Usted debe predicar sus mensajes desde el púlpito del gobierno con su integridad, con las leyes justas que apruebe, su corazón para el servicio, su compromiso inquebrantable con el liderazgo justo y virtuoso en el gobierno, ¡no importa qué tan fuerte sea la presión para que haga lo contrario!

No cuestione la santidad de su llamado, porque usted ha sido colocado en esa posición por un Dios Soberano. No deje que el maligno influya en las leyes de la tierra. Denos leyes justas y haga cumplir esas leyes como servidores del pueblo, no como miembros de un grupo elitista desconectado de la gente común a la que sirven, excepto cuando es tiempo de elecciones. Postúlese para cargos políticos, acepte nombramientos gubernamentales, según el Espíritu Santo lo dirija, pero preste su oído al cielo, no a las voces de hombres que demandan su compromiso. Servir primero a Dios y a la gente en segundo lugar porque así lo hizo Daniel en su tiempo. Usted está llamado a guiar, no a seguir. Llamado a ejercer una influencia correcta, no a dejarse influir por la injusticia. No necesita que otros lo motiven para cumplir sus tareas porque Dios ya lo ha motivado. ¡Las naciones del mundo necesitan su percepción profética en el gobierno!

NUESTRO MOMENTO ÚNICO EN LA HISTORIA

Hay un gran deseo de cambio en nuestro mundo. Tal vez se pregunte: "¿Es esto lo mejor que puedo esperar?". No, puede esperar más, y debe hacerlo. Sin embargo, el cambio que usted está buscando no depende de que se elija a su candidato o partido político, porque las soluciones de Dios no dependen de la política. Se basan en personas de carácter que pudieran tener o no afiliación política.

El cambio que usted está buscando no se asocia con tener más dinero, porque las soluciones de Dios no se limitan a su cuenta bancaria o a su habilidad para obtener crédito. El sistema económico de Dios es una economía basada en superávit, no en una economía basada en deuda. El cambio por el que ha estado orando no se basa en iglesias más grandes o en un mayor número de iglesias, ni en multitudinarias cruzadas ni más denominaciones. Esos son elementos esenciales de una cultura bendecida por Dios, pero debe esperar más. El cambio que usted busca, que transformará organizaciones, ciudades o naciones se basa en Gente como Nehemías que dirige desde fuera de las paredes de la iglesia, no desde dentro. Estará alineada con una iglesia, pero su lugar de influencia es fuera de ella. Es el mundo más allá de las paredes de la iglesia el que ha estado desatendido por generaciones, pero ya no más. Ese cambio se fundamenta en hombres y mujeres que tienen la autoridad, la unción y el nombramiento de Dios para el día de hoy. Son los que traerán las soluciones que todos estamos esperando.

Este momento de la historia es único, cuando vemos que las profecías de las

Escrituras se están cumplimento ante nuestros propios ojos, en vivo y en directo, a través de un mundo tecnológico, único en nuestros días. No obstante, las necesidades de esta generación son semejantes a las necesidades de cada generación anterior a la nuestra. Nuestra generación necesita la Gente como Nehemías de nuestros días para que ocupen sus puestos, como hombres y mujeres de Dios llamados a ejercer un liderazgo fuera de las paredes de la iglesia.

Usted está siendo llamado el día de hoy, no en algún día futuro al azar. Su función es la de reconstruir, restaurar y reenfocar familias, organizaciones, ciudades y naciones mediante su sello peculiar de liderazgo. El resultado serán el orden divino y el marco de la sociedad restaurados para que las relaciones entre Dios y el hombre (y entre la gente) puedan florecer una vez más.

Nehemías cumplió su función en su generación, pero hay una gran agrupación de hombres y mujeres que ha seguido su modelo, una y otra vez, por miles de años. Usted no puede vivir su vida en la generación de Nehemías o en ninguna otra antes de la suya. Esta es la única generación en la que siempre vivirá. No se deje vencer por la timidez, ni pida excusas por su llamado para actuar fuera de las paredes de la iglesia. Siga a Dios y Sus propósitos, independientemente de lo grande que le parezca. Si Dios lo ha escogido a usted para un santo llamado, no argumente con Él acerca de sus calificaciones o cualidades. Lo único que le resta es confiar en Dios y seguir su santo llamado con fervor y propósito. Cuando lo haga, esta generación, en cada nación, experimentará la bendición de Dios por medio suyo. Y será para usted el comienzo de la aventura de toda una vida.

Notas Al Final

CAPÍTULO 1

1. Christians on Leadership, Calling and Career © Barna Group, 2013, April 18, 2013 http://www.barna.org/culture-articles/615-christians-on-leadership- calling-and-career

2. Jeremías 6:16 "Deténganse en los caminos y miren; pregunten por los senderos antiguos. Pregunten por el buen camino, y no se aparten de él. Así hallarán el descanso anhelado."

3. Call2Business – www.call2business.com

4. Al Caperna es un estudiante de tendencias económicas mundiales y el Director de Call-2Business. Este punto fue parte de su presentación en la Conferencia Call2Business en Kansas City, Missouri en 2012.

CAPÍTULO 2

1. Mervin Brenemen, The New American Commentary, Vol 10, Ezra, Nehemiah, Esther; (Broadman & Holman Publishers © 1993) p.207

2. Nehemías 1:11

3. Jamieson, Fausset, and Brown, Commentary Practical and Explanatory on the Whole Bible; (Zondervan Publishing House, Grand Rapids, MI, ©1961) p. 345

4. William Whiston, A.M., The Works of Flavius Josephus, The Antiquities of the Jews, Volume III, Chapter 5 How Xerxes The Son Of Darius Was Well Disposed To The Jews; As Also Concerning Esdras And Nehemiah (Baker Book House, Grand Rapids, Michigan © 1974), p. 120

CAPÍTULO 3

1. Sir Robert Anderson, The Coming Prince; (reprinted in 1957 from the tenth edition and published by Kregel Classics,

an imprint of Kregel Publications, PO Box 2607, Grand Rapids, MI, 49501) pp. 127-128. El Príncipe Que Ha de Venir. Publicaciones Portavoz Evangélico. https://www.scribd.com/doc/58603483/El-Principe-Que-Ha-de-Venir

2. El Dr. Bradley Stuart es el director fundador de Yada Ministries International, www.yadainternational.com. Bradley nació con parálisis cerebral, y aun así obtuvo un doctorado y viaja por todo el mundo enseñando sobre la oración e intercesión. Bradley afirmó: "Dios me dijo estas palabras cuando le dije que no podía servir como los demás debido a mi incapacidad".

3. Lucas 14:10-11 Más bien, cuando te inviten, siéntate en el último lugar, para que cuando venga el que te invitó, te diga: "Amigo, pasa más adelante a un lugar mejor". Así recibirás honor en presencia de todos los demás invitados. Todo el que a sí mismo se enaltece será humillado, y el que se humilla será enaltecido".

4. Charles G. Finney, The Autobiography of Charles G. Finney; Condensed and Edited by Helen Wessel; (Bethany Fellowship, Inc., 6820 Auto Club Road, Minneapolis, Minnesota, 55438, © 1977) pp. 37, 38

5. Jamieson, Fausset and Brown, Commentary on the Whole Bible; (Zondervan Publishing House, Grand Rapids, Michigan, Copyright ©1961) p. 346

Capítulo 4

1. Dr. Gene A. Getz, Nehemiah – A Man of Prayer and Persistence, (Regal Books, Ventura, CA, © 1981) p.51

2. Jamieson, Fausset, and Brown, Commentary Practical and Explanatory on the Whole Bible, (Zondervan Publishing House, Grand Rapids, MI, ©1961) p.346. "Luego Eliasib, el sumo sacerdote – nieto de Josué, y el primer sumo sacerdote después del regreso de Babilonia.."

3. Brown Driver & Briggs Hebrew Lexicon, (Woodside Bible Fellowship, Ontario, Canada, licensed from the Institute for Creation Research. © 1993)

4. Keil & Delitzsch Commentary on the Old Testament, (William B. Eerdmans Publishing Company, Grand Rapids, MI, reprinted 1981) pp. 174, 175 Neh 3:4-5, La expresión "doblen el cuello bajo el yugo" según Jeremías 27:11 debe entenderse como someterse uno mismo al servicio de otro.

5. Diccionario de la lengua española (Real Academia Española, Edición del Tricentenario. http://www.rae.es/)

CAPÍTULO 5

1. Mervin Brenemen, The New American Commentary, Vol. 10, Ezra, Nehemiah, Esther (Broadman & Holman Publishers © 1993) p.178

2. William Whiston, The Works of Flavius Josephus, Antiquities of the Jews, Book 11, Chapter 7: How John Slew His Brother Jesus In The Temple; And How Bagoses Offered Many Injuries To The Jews; And What Sanballat Did, (Reprinted by Baker Book House, Grand Rapids, MI, 1974) p. 140

3. Proverbios 18:3

4. "Espíritu paternal" es una frase usada por mi Pastor Paul Zink,para describir líderes del Reino que son confiables.

5. K. Kenyon, Jerusalem, Excavating 3000 Years of History (New York: McGrawHill, © 1967) p.111

6. Mi amigo Dan Duke me regaló este pequeño pero profundo consejo en el momento en que me sentía totalmente descalificado para una tarea que Dios me había asignado.

CAPÍTULO 6

1. Mervin Brenemen,The New American Commentary, Vol 10, Ezra, Nehemiah, Esther (Broadman & Holman Publishers © 1993) p. 201

2. K. Tollefson, Nehemiah, Model for Change Agents, (CSR, XV 1986) p. 113

3. James Walvin, Ending it All: The Crusade Against Slavery. Black Ivory: Slavery in the British Empire. 2nd ed. (Malden: Blackwell Publishers, © 2001) p. 260

4. Salmo 89:14 "La justicia y el derecho son el fundamento de tu trono, y tus heraldos, el amor y la verdad".

5. Brenemen, The New American Commentary, Vol 10, p. 207

6. Nehemías 5:16

7. El Dr. Charles Travis es el fundador/presidente de Logos Global Network, Aidan University. El Dr. Travis me dio esta frase, uno de los principios fundamentales de su vida.

8. Nehemías 5:18

CAPÍTULO 7

1. Jamieson, Fausset, and Brown, Commentario Practico y Explanatorio sobre La Biblia (Zondervan Publishing House, Grand Rapids, MI, © 1961) p. 348

2. Keil & Delitzsch, Commentario sobre el Antiguo Testamento, Volumen III, (William B. Eerdmans Publishing Company, Grand Rapids, MI © 1980) p.218

3. Nehemías 6:1

CAPÍTULO 8

1. K. Tollefson, Nehemias, Modelo para Agentes de Cambio: Un Enfoque de Ciencia Social hacia La Escrituras (CSR SV, © 1986), p 124

2. William Whiston, A.M., Los Trabajos de Flavio Josefo – Antiguedades de Los Judios, Libro XI, Ch 5 Como Jerjes El Hijo de Dario Tenia Buena Disposicion para Los Judios; También Concerniendo Esdras y Nehemias, (Baker Book House © 1974), p 123

CAPÍTULO 9

1. Levítico 23:23-25

2. Barney Kasdan, God's Appointed Times (Messianic Jewish Publishers, a division of Lederer/Messianic Communications, © 1993) p 64

3. Levítico 23:26-32

4. Los esclavos por deuda que aquí se mencionan no son esclavos en el sentido ordinario que conocemos. En el Torá había solamente dos disposiciones para los esclavos por deuda: (1) aquellos que la corte vendía sin consentimiento, o (2) aquellos que voluntariamente se vendían a sí mismos. El servicio de ellos estaba siempre asociado con el pago de deudas. Había disposiciones estrictas en la Ley sobre la forma como debían tratarse mientras estuvieran al servicio del acreedor (señor). Los esclavos por deuda debían ser tratados con igualdad en lo referente a sus viviendas, provisión de alimentos y severidad en su trabajo. Los señores debían actuar con ellos de manera fraternal, no como sus dueños, y el término de su servicio era regulado por las leyes del Jubileo, como las que se ven en este capítulo. (www.jewishencyclopedia.com) Levítico 25:35-55

5. Levítico 25:20-22, Deuteronomio 15:1-6

6. Joel 2:28 "Después de esto, derramaré mi Espíritu sobre todo el género humano. Los hijos y las hijas de ustedes profetizarán, tendrán sueños los ancianos y visiones los jóvenes".

7. Esdras 7:10 "Esdras se había dedicado por complete a estudiar la ley del Señor, a ponerla en práctica y a enseñar sus preceptos y normas a los israelitas"

8. Esdras 7:11-28

Capítulo 10

1. Levítico 23:2 «El Señor le ordenó a Moisés que les dijera a los israelitas: "Estas son las fiestas que yo he establecido, y a las que ustedes han de convocar como fiestas solemnes en mi honor. Yo, el Señor, las establecí".

2. Barney Kasdan, God's Appointed Times, p. 92

3. Guy Brandon and the Jubilee Centre, The Jubilee Roadmap , La Hoja de Ruta del Jubileo (3 Hooper Street, Cambridge CB1 2NZ, England) Chapter 11, p.7

CAPÍTULO 11
1. Intencionalmente he descrito vagamente detalles de este evento para proteger a esta mujer de represalias.
2. Williamson, Ezra, Nehemiah, p. 370
3. Salmo 48:1
4. Nehemías 12:36
5. Nehemías 8:10
6. Nehemías 12:24
7. 2 Samuel 6:14-15
8. James Strong, A Concise Dictionary of the Words in the Greek Testament, (Abingdon, Nashville, ©1890) p. 61

CAPÍTULO 12
1. Guy Brandon and the Jubilee Centre, The Jubilee Roadmap , La Hoja de Ruta del Jubileo (3 Hooper Street, Cambridge CB1 2NZ, England) p. 5

Autor

Paul L. Cuny

Paul L. Cuny es el fundador y presidente de MarketPlace Leadership International, un ministerio que prepara a líderes y profesionales en distintos continentes, con los principios del Reino necesarios para sobresalir en un mundo que cambia vertiginosamente. La experiencia de Paul de servir a Dios en el mundo empresarial como empresario y propietario de negocios lo ha equipado para hablar desde una plataforma excepcional. Es ministro ordenado, con un llamado a enseñar principios bíblicos del Reino a personas del mercado en todo el mundo.

Paul experimentó un cambio de paradigma a mediados de los años 90, cuando el Señor le manifestó dos cosas que definirían el resto de su vida y serían sus proyectos de vida. Desde ese entonces, Paul ha hablado en iglesias y dictado Conferencias de Liderazgo en el Mercado en América Central, América del Sur, África, Europa, Caribr, y los Estados Unidos, enseñando a la gente de mercado cómo florecer por medio de la aplicación práctica de los principios bíblicos del Reino de Dios. Es uno de los miembros fundadores de la Cumbre de Economía Europea, sirve en el equipo de líderes del Concilio Internacional de Reformación Económica, el grupo Call2Business (Llamado a los Negocios), y la Cámara de Comercio Cristiana Internacional.

Paul les ha ministrado a líderes políticos de varios continentes. Ha orado con líderes políticos de alto nivel de una cantidad de naciones y les ha servido como amigo y consejero. Es conferencista internacional y orador en iglesias, que diserta sobre principios económicos y de liderazgo del Reino de Dios en la vida profesional. Ha escrito numerosos artículos sobre liderazgo y el funcionamiento práctico de la economía del Reino. Es autor de los libros *Secretos de la Economía del Reino* y *Gente Como Nehemías*. Se desempeña también como consejero y consultor para líderes de gobierno y de empresas. Paul es egresado de la Universidad Estatal de la Florida y reside en Jacksonville, Florida, con su esposa Gerri.

Información de Contacto
Para contactar al autor para hablar en conferencias, reuniones empresariales o iglesias contacto:
Paul L. Cuny
MarketPlace Leadership International
www.marketplaceleadership.com
Correo electrónico:
info@marketplaceleadership.com

Otros Libros de Paul L. Cuny

Secretos DE LA Economía DEL REINO

Floreceiendo en la Economía de Dios

"Usted será bendecido y desafiado a medida que lea estas palabras que vienen de una vasija que ha sido rota y moldeada por las manos del Alfarero".
Paul Wilbur, Presidente,
Ministerio Paul Wilbur
Artista de Integrity Music
Autor de *Tocando el corazon de Dios*

¡"Este libro tiene "piernas"! Cuando leí por primera vez *Secretos de la Economía del Reino* sabía que sería un libro con larga vida. Este libro se hace más relevante para líderes cristianos y la gente comercial con cada día que pasa. Este será una guía para el futuro. Paul Cuny es realmente un profeta del día moderno".
Roland Moody, Call2Business Leadership Team,
International Orality Network
International Council of Economic Reformation
(Consejo Internacional de Reforma Económica)

"Los *Secretos de la Economía del Reino* es una fantástica lectura que está cambiando mi vida. Paul Cuny expone "secretos" bíblicos que desafían a una respuesta y estimulan a uno a la acción. Este libro ha afilado mi sentido de la misión en mi negocio. Esto es un plan comercial basado en la Biblia".
Ong Siow Aik, Founder & Managing Director
OSA Industries Group of Companies SINGAPORE

Secretos de la Economía del Reino está sin lugar a duda cercano a convertirse en un manual de consulta entre líderes que están dispuestos a transformar la sociedad".
Dr. Alejandro Amaya, DSL
Psicólogo y Consejero